Sa vie pour la mienne

(Suite à C'était mon Fils)
Colonel Arnaud Beltrame

Julie Grand
Avec la collaboration de Marc Eynaud

Sa vie pour la mienne

ARTÈGE

Note de l'éditeur :
La photo de couverture n'est qu'une évocation
de la situation vécue par Julie Grand
et ne prétend pas refléter la réalité.

Éditions Artège
9 espace Méditerranée – 66000 Perpignan
10 rue Mercœur – 75011 Paris

www.editionsartege.fr

ISBN : 979-10-336-1522-4
EAN Epub : 9791033615248

« À tout vent, face ! »

Préface

L'exercice professionnel d'un avocat ne le prédestine pas à l'écriture d'une préface. À dire vrai, il ne prépare pas non plus à porter la voix d'un otage. Mais c'est mieux ainsi. Car il n'est probablement pas pire avocat qu'un avocat préparé, habitué, endurci. Pour ma part, je n'ai jamais trouvé meilleure illustration des états d'âme d'un avocat que ce vers de Baudelaire : « J'ai plus de souvenirs que si j'avais mille ans. » Il dit combien les affaires qui nous sont confiées hantent nos mémoires. Le visage des clients y est toujours synonyme d'un espoir, d'un échec, d'un soulagement ou d'un regret. Chacune de leurs histoires nous laisse une trace, une ride ou une cicatrice imperceptible. *Ad vocatus*, nous portons le nom d'un participe passé et d'une préposition qui nous interdisent l'indifférence : *appelé auprès*.

C'est avec un peu d'appréhension que je l'ai été auprès de Julie, à laquelle je fus recommandé par une connaissance commune. Non que je me sois senti incapable de la représenter, mais j'ai immédiatement perçu que les faits dont elle avait été victime allaient nous placer au pied du mur d'incompréhension sur lequel butent souvent les cours d'assises : le mystère du mal. L'évoquer, ce n'est pas verser dans une forme de mysticisme juridico-religieux : c'est faire référence à une situation que les praticiens connaissent bien, lorsque, comme un enfant insistant, un juge interroge l'accusé dans l'espoir de saisir une rationalité qui lui échappe : « *Et pourquoi* ? », « *Et pourquoi* ? »... Au bout de l'interrogatoire, quand le questionnement se resserre autour de la fraction de seconde qui conduit au choix du pire, il est toujours un « *pourquoi* » qui ne reçoit pas de réponse satisfaisante. Parce que la seule qu'il appelle n'est pas présentable à une justice qui ne peut l'appréhender. C'est celle du mal.

À Trèbes, ce mal apparaît d'autant plus insondable qu'il contraste avec l'engagement lumineux d'un homme dont le nom est devenu symbole d'héroïsme. Cet homme n'était pas un kamikaze ni un fanfaron, mais un officier animé d'un désir ardent de servir et d'une force d'âme exceptionnelle. À la pulsion de mort du terroriste, il a opposé son élan de vie. Entre les deux, cette « *petite dame qui n'y est pour rien* », comme écrasée entre deux mondes, maintenue par l'un, appelée par l'autre.

C'est cela qui donne au récit de Julie une intensité exceptionnelle : dans la poignée de secondes qui a bouleversé sa vie se croisent le pire et le meilleur de notre humanité, la haine brute et le don gratuit, la mort attendue et la vie sauvée. On ne s'étonnera pas que le livre qui procède d'une telle expérience soit un condensé d'émotions puissantes, parfois contradictoires, toujours authentiques.

Ce livre est un témoignage de gratitude, d'abord, à l'égard de cet homme auquel elle doit de pouvoir l'écrire. Peu d'êtres humains connaissent cette expérience singulière de devoir leur vie au choix libre d'un autre de risquer la sienne. Leur vie devient alors un témoignage de notre humanité commune. En des temps où l'on dit la jeunesse happée par l'individualisme, en mal de modèles, évoquer la figure d'Arnaud Beltrame, c'est aussi rappeler que l'héroïsme n'est ni une hypothèse lointaine ni une valeur surannée, que la grandeur peut surgir entre les rayons d'un supermarché.

Mais ce livre est également un cri de colère : celui d'une femme qui a subi le voyeurisme, l'avidité, l'indélicatesse, la bêtise. Une femme en révolte contre la justice des acronymes et des guichets, cette justice froide comme un formulaire d'indemnisation, incapable d'offrir à ceux qu'elle n'a pas su protéger autre chose qu'une médaille de victime.

Enfin ce livre est un chemin. Celui de Julie, bien sûr, qui a pris un virage brutal à l'orée du printemps 2018. Chemin pavé de douleurs silencieuses et de questions irrésolues sur lequel je tente humblement de l'accompagner, mais chemin d'espérance, aussi, fait de rencontres providentielles qui lui ont ouvert un horizon. Mais entre les lignes, c'est aussi un chemin collectif que ce livre propose à travers le parcours de Julie, où quand la (re)découverte d'une identité spirituelle apparaît comme le meilleur antidote à la haine islamiste. Car face à une haine qui prétend s'exprimer au nom de Dieu, « on ne peut continuer à vivre en s'occupant de frigidaires, de politique, de bilans budgétaires et de mots croisés », selon le mot de Saint-Exupéry.

L'édifice est encore fragile, mais pierre après pierre – ce livre en est une, assurément – Julie se reconstruit et reprend possession de sa vie. Elle n'a évidemment pas choisi d'être victime, mais a désormais la force d'assumer sa manière de l'être, hors des assignations judiciaires ou médiatiques : pas une victime amère, pas une victime modèle : une victime sans illusion. Mais pas sans espérance. Car si elle n'a pas percé le mystère du mal, elle sait désormais à qui demander de « *nous en délivrer* ».

Pour poursuivre le chemin. « Droit devant ». C'était la devise du régiment d'Arnaud Beltrame.

Henri de Beauregard,
Avocat au barreau de Paris

Introduction

Je m'appelle Julie, j'ai presque 40 ans ce 23 mars 2018. Comme tous les jours depuis dix-huit mois, je me rends au Super U de Trèbes près de Carcassonne pour travailler en tant qu'hôtesse d'accueil. Je l'ignore encore, mais je vais être témoin d'un attentat et prise en otage. J'allais devenir une victime du terrorisme. Grâce à l'intervention d'un officier supérieur de gendarmerie, je suis une victime vivante aujourd'hui. Le geste héroïque d'Arnaud Beltrame m'a sauvée. Après bien des péripéties et de violentes injustices imposées par notre société et nos institutions, et avec des séquelles difficiles à porter et à partager, je peux à présent regarder ma fille grandir, être là pour elle, et sentir le regard aimant de mon mari sur nous.

Pourquoi ce livre ? Pour qui ? Je me suis très longtemps posé la question. Est-ce un moyen de régler mes comptes ? Le témoignage d'une victime censé en inspirer d'autres, du moins leur faire comprendre qu'elles ne sont ni seules ni fautives ? Un témoignage de foi ? Tout cela est si récent et toutes ces données s'imbriquent tant les unes dans les autres.

Cet attentat m'a donné une dimension publique qui m'effraie et dont je ne veux pas. Mais puisque le procès va se tenir et que la situation est inévitable, je veux pouvoir raconter ce que j'ai vu. Pour que plus personne ne parle à ma place ou ne me fasse parler comme ont pu le faire des journalistes en mal de scoop, je veux que ce livre soit ma contribution à la vérité.

C'est d'abord à Arnaud Beltrame que je pense en écrivant ce livre, à son épouse aussi. À sa mère et à ses frères. À ses frères d'arme. À tous ceux qui ont payé de leur vie leur engagement au service des autres, quels qu'ils soient, dans quelque pays que ce soit. Je me sens redevable à Arnaud au moins sur ce point : parvenir à dire ce que j'ai vu. Raconter ce qu'il a fait, comment et pourquoi il l'a fait, d'après moi. Je pense que cela contribuera à lui rendre justice. Je ne me sens pas le devoir de convaincre, simplement de témoigner. Ce n'est pas ce qu'on appelle un « syndrome du survivant ». Au risque de choquer, je ne me suis jamais sentie coupable de la vie qu'Arnaud Beltrame a pris le risque de sacrifier. Je n'ai pas vécu ce que les médias ont rapporté de l'attentat. Trop d'éléments ont été présentés de manière partielle, tronquée. Ce n'est pas la culpabilité d'avoir survécu qui m'a fait plonger et qui m'a fait me taire. Ce serait davantage la colère, l'incompréhension et la révolte de la violence subie. Ce livre est ma part d'hommage à Arnaud Beltrame, ce qu'il a été et ce qu'il représente pour des milliers de mes compatriotes.

Ce livre s'adresse aussi aux autres victimes, aux gueules cassées, aux personnes qui se savent atteintes de stress post-traumatique, pour partager nos douleurs. Il s'adresse également à mes compatriotes qui se sont sentis en empathie avec moi. J'éprouve le besoin de leur faire savoir ce qui s'est passé exactement, de mon point de vue, sans les filtres médiatiques. Je veux bien décrire ce que cela fait de vivre quelque chose comme ça, et comment je m'en sors aujourd'hui. Ainsi, j'ai voulu raconter en détail ce que j'ai vécu après l'attentat et ses atroces conséquences pour moi. De la descente aux enfers psychologique, spirituelle et familiale que cela a entraînée. De cet indicible parcours du combattant des victimes, écrasées par l'épreuve et parfois enfoncées par une administration implacable et souvent à rebours de nos intérêts.

Enfin, ce livre est un témoignage d'espérance à l'adresse de toutes les personnes qui, comme moi, ont longtemps cru ne jamais s'en sortir. Sans pour autant me considérer aujourd'hui comme « sauvée », je m'applique chaque jour à remonter la pente. Je ne suis pas un modèle de victime, ni un modèle de mère, ni un modèle de foi. Je suis Julie, je vivais tranquillement près de Trèbes entre ma fille et mon compagnon avant que tout ne vole en éclat. Il ne me reste plus grand-chose de mon ancienne vie. Je suis renvoyée avec tant d'autres à une brève hagiographie sur Wikipedia. Il me faut réapprendre à vivre avec cela chaque jour. Peut-être que mon récit donnera des forces, des idées, des pistes à ceux qui en ont besoin. À ma plus grande surprise, moi, athée pure et dure, j'ai, au pied du mur et à bout de forces, totalement changé ma vision de la vie et du sens qu'on peut lui donner. Petit caillou par petit caillou, j'ai découvert une voie que je n'aurais jamais prise auparavant. Une voie qu'Arnaud Beltrame a ouverte, par sa mort mais aussi par sa vie.

Aux victimes de l'attentat du 23 mars 2018, je pense à vous toutes, je regrette de vous avoir perdues de vue.

À ceux que mon récit dérangera, tant pis, je n'y peux rien.

Le dernier jour de ma première vie !

L'attentat

Argumenter en situation difficile[1]. Ce livre a trôné dans la maison de mes parents pendant des années. Une spécialité de mon père, modeste médecin de village, radical défenseur du serment d'Hippocrate dont il nous parlait sans cesse à table. Il avait un caractère à la fois ferme et doux. C'était lui que les pompiers appelaient systématiquement pour dialoguer avec les forcenés du village qui m'a vu grandir, aux alentours de Montauban. Il avait un don pour arrondir les angles, convaincre et apaiser. Ce caractère paternel, non seulement j'en ai hérité, mais ces connaissances, je les ai assimilées très tôt. Il me les avait enseignées à partir de mes vingt ans : il avait l'intuition

1. Philippe Breton, éditions La découverte, 2004.

que j'en aurais besoin dans ma vie professionnelle. Comme il avait raison ! Ce livre, je l'ai lu et relu des dizaines de fois. C'est à la fois anodin et cela aurait dû rester anecdotique dans ma construction et mon parcours de vie. C'est, je pense, ce qui a particulièrement contribué à me sauver la vie.

La France dans laquelle je me lève ce matin a appris à vivre avec le terrorisme, pour reprendre l'expression d'un ancien ministre de l'Intérieur. Les attentats contre *Charlie Hebdo* et le Bataclan remontent déjà à trois ou quatre ans. Entre-temps, nous avions connu le sanglant 14 juillet de Nice, l'attaque de Saint-Étienne-du-Rouvray, le double assassinat de policiers à Magnanville, Orly, Marseille, Levallois… Sans oublier les attentats déjoués lors de l'Euro 2016 et à Notre-Dame de Paris. Je vis aussi dans une région marquée par la cavale meurtrière de Mohammed Merah entre Toulouse et Montauban. Le terrorisme islamiste est, j'imagine, ressenti de la même manière partout. C'est à la fois omniprésent et très éloigné. À aucun moment, on n'envisage sérieusement que cela pourrait nous arriver directement. On le craint sans y croire. On joue à se faire peur... Tels des ogres sortis des pires contes pour enfants, ils sortent de l'ombre et viennent semer la mort. On peine à croire que ce sont nos sociétés qui les ont enfantés. Sombre synthèse du matérialisme, de l'individualisme et d'un vide abyssal que la modernité et tous les biens de consommation ne sauraient remplir. Les difficultés familiales, le manque de perspectives, les rancœurs contre un père ou une mère, et le manque de repères moraux, historiques, civiques en font des êtres manipulables. Repérés et conditionnés, envoyés en camps et entraînés, ils deviennent des bombes à retardement. Et puis, il faut que l'un d'entre eux, élevé au milieu de nous, qui allait en classe avec nos enfants, décide soudainement de se lever et d'en finir.

Mais, en 2018, tout cela est en réalité assez lointain. L'actualité dévie sur l'affaire Benalla. Il n'est plus question de terrorisme, mais de scandale politique avec toute la trivialité que cela implique. Comme une trêve dans l'horreur. On se rassure sur l'avenir en renouant avec le réflexe du débat politique et son cortège de bassesses. On renoue avec nos habitudes bien françaises et cette cacophonie gouvernementale tait pendant quelque temps la peur du terrorisme. Dans de toutes petites villes comme Trèbes, éloignées des métropoles, on peut raisonnablement penser que rien ne nous atteindra vraiment. Située à proximité de Carcassonne et comptant moins de 6 000 habitants, personne n'aurait pu penser que cette petite commune nichée entre les contreforts du Massif central et bordée par le canal du Midi, serait le théâtre d'un attentat terroriste. Sorte de confluence entre plusieurs territoires, méditerranéenne mais pas provençale, sise dans les Corbières sans véritablement appartenir au Sud-Ouest, Trèbes est l'archétype de ces petites villes qui constituent la majorité des communes de notre pays. Il ne s'y passe rien de nationalement intéressant, Trèbes ne fait pas la France mais Trèbes, c'est la France. Une situation sociale, économique et sécuritaire ni bonne ni mauvaise, des gens accueillants sans pour autant renoncer à leur fierté. En bref, une belle synthèse à la fois modeste et attachante.

Il fait froid ce vendredi 23 mars 2018. Je frissonne en sortant de chez moi pour amener ma fille chez la nounou. Les fins d'hiver sont sèches mais glaciales dans ce territoire où je vis depuis une dizaine d'années. Je l'apprends plus tard mais, à peu près au même moment, Radouane Lakdim se lève aussi. Habitant la cité Ozanam de Carcassonne, il dépose, en grand frère responsable, ses petites sœurs à l'école. Après avoir déposé ma fille, je reprends la route pour prendre mon poste au Super U de Trèbes où j'officie en tant qu'agent d'accueil. Louer des véhicules utilitaires, gérer les caisses, recueillir les questions et les éventuelles plaintes de clients mécontents constituent mon quotidien. Je peux dire que j'apprécie mon travail qui consiste à aider, écouter, rendre service.

Encore une fois, je l'ignore, mais pendant que je travaille, Radouane Lakdim initie son « action », comme il l'appelle. Se rendant sur le parking des Aigles de la Cité, il abat au pistolet un vigneron à la retraite et blesse très grièvement un jeune Portugais. Il les a visés, car il les pense homosexuels – c'est la réputation de ce parking, connu dans la région pour être un lieu de rencontres gay. Il s'empare du véhicule d'une de ses victimes. Quelques minutes plus tard, il circule dans Carcassonne, cherchant à abattre des militaires. Il se rabat sur un escadron de CRS rentrant de son footing matinal. Il tire et en blesse deux puis file sur la nationale direction Trèbes. Pendant ce temps, emmitouflée dans deux polaires floquées U, frissonnant dans la fraîcheur du matin, je fais des allers-retours à l'extérieur pour contrôler les véhicules de location. Habituellement, j'aperçois l'agent de sécurité. Un grand gaillard sympathique et apprécié de tous. Cependant il ne travaille pas le matin. Heureusement pour lui, car sa présence aurait pu faire de lui une victime de plus. Mais peut-être que le terroriste a agi le matin, justement pour éviter la présence de la sécurité. Cinq ans plus tard, les souvenirs s'estompent un peu. Mais certains détails restent, malheureusement à jamais.

Il est environ dix heures et demie du matin. La journée se déroule sans anicroche. Je suis seule à l'accueil et j'espère le retour de ma responsable pour partir en pause. Et puis, j'entends le claquement de palette vide qui tombe. Je le remarque, mais sans véritablement y prêter attention. Puis un deuxième claquement de palette. Je suis au téléphone avec une collègue, je stoppe ma conversation et je lève la tête. Cette fois, j'entends des clients crier, je distingue nettement un poing brandi tenant fermement un revolver, il tire en l'air. J'entends distinctement une voix crier « *Allahu Akbar* ». Je souffle à ma collègue : « Coup de feu, *Allahu Akbar*, appelle les flics… » Puis je me baisse. Et là, mon cerveau travaille à toute vitesse. Derrière mon stand d'accueil, une porte donnant sur une pièce servant de réserve avec un bureau sans issue ni fenêtre. Je sais que les issues de secours sont enchaînées, je sais aussi qu'il est hors de question de me risquer à découvert pour foncer vers la sortie. J'entends des pas qui se rapprochent. À quatre pattes, je me faufile dans le bureau, je me cache derrière la porte ouverte. Il m'a vue, je crois. Je l'entends distinctement avancer dans ma direction, il entre dans la pièce : « Ah ! ben voilà mon otage », dit-il sans hostilité particulière.

Puis, sans me regarder, il me dit : « Allez, c'est bon, sors de là, je te ferai pas de mal. Viens, on appelle les flics ! »

Je respire un grand coup, et je fais un pas, je sors de ma cachette. Je me tiens droite, mais je me répète : « Soumission Julie ». Je regarde le sol. Il ne faut surtout pas lui donner l'impression de le défier. Je jette un œil vers lui : barbe noire, jeune, regard amusé, gestuelle nerveuse. Il tient dans ses mains un pistolet et une lame immense, type couteau de chasse. Je me souviens m'être dit : « Bon, c'est un petit con, je sais pas ce qu'il veut, si ça se trouve, c'est des balles à blanc… » À ce moment, j'ignorais tout de sa cavale et ne savais pas qu'il venait d'assassiner un collègue et un client. « Tant qu'il n'y a rien de grave, y a rien de grave. »

Il y a deux lignes sans fil dans le bureau. Je réfléchis à haute voix, j'attrape l'un des deux téléphones, j'appelle le 17 : « Bonjour, je suis Julie Grand, je suis caissière au Super U de Trèbes, et je suis… euh… prise en otage, par un monsieur armé. » J'entends distinctement des claquements de doigts au bout du fil, comme si la préposée appelait ses collègues. « De quoi est-il armé ? », me demande-t-elle. J'interroge le gamin pour lui demander si je peux leur donner cette information. Il acquiesce. Alors que j'échange avec elle, il se met à parler fort, invoquant « ses frères morts en Syrie » et d'autres propos qui m'échappent aujourd'hui. En tout cas, les habituelles revendications politico-religieuses des jihadistes. Mon entretien avec la policière ou la gendarme prend fin. Elle ajoute : « Surtout ne raccrochez pas ! » Je sais par ma formation que, ainsi, tout sera enregistré par le service de Secours. Je glisse le téléphone dans la grande poche de ma veste de travail. Je garde également l'autre téléphone dans la poche au cas où les secours cherchent à nous recontacter. Justement, ce dernier sonne, c'est un client. Je veux que la ligne reste disponible, je lui réponds poliment pour qu'il ne rappelle pas et ne sature pas la ligne. Lunaire… La radio et la pub dans le magasin continuent de tourner comme une bande-son particulièrement inadaptée à la scène du film.

Sur la table à côté de moi, une boule de chatterton posée par le terroriste. C'est une grenade artisanale. Le terroriste, avant de venir me débusquer dans le bureau à l'arrière de l'accueil, en avait lancé une, qui n'avait pas explosé, sur la première caisse, celle de J., notre seul caissier qui dira plus tard que, simplement, ce n'était pas son heure.

S'ensuit un échange qui me semble durer une éternité, mais, je l'ai appris plus tard, n'a été que d'une quarantaine de minutes. Nous sommes à l'entrée de la pièce, à un ou deux mètres de la porte d'entrée. La porte reste ouverte: on peut voir la banque d'accueil, les caisses en enfilade, la porte d'accès aux bureaux, le début des rayons. Je m'appuie contre la table qu'il y a à droite en entrant. Il marche devant moi, faisant des allers-retours tout en parlant, l'arme à la main. Je m'efforce de rester calme. Il me raconte alors qu'il a tué « deux pédés » sur un parking, qu'il a tiré sur des militaires et qu'il a tué deux personnes dans le magasin. Mon cœur s'emballe et je passe en mode survie. Ce ne sont donc pas des balles à blanc et il est très sérieux. Je me dis : « Tu étais cool, reste-le, garde la même attitude. » Je chasse de mon esprit le visage de ma fille, la question de l'heure à laquelle je pourrai aller la chercher chez la nounou et le temps que prendrait l'intervention. Deux heures ? Trois heures ? « Je peux tenir. Je reste concentrée », me répétais-je... Mon cerveau s'est mis en mode survie totale.

Il me parle un peu de ses sœurs, de sa mère et évoque un frère, en tant que personnes qui ont compté pour lui. Il me demande si j'ai des enfants, comment s'appelle mon compagnon... Je comprends qu'il y a encore, au fond de lui, un certain respect, du moins une absence de haine pour les petites gens, les femmes et les enfants. Comme s'il hiérarchisait ses cibles. Je tâche donc de jouer sur cette corde : préserver son respect pour moi, en tant que femme et salariée.

Puis il s'agace et me parle de la Syrie et d'autres zones de conflit, reproche à la France sa politique, ses frères morts pour rien. Je mets en application ce que j'ai appris et je lui réponds que je partage son point de vue : nous n'avions rien de bon à y faire... parce qu'il faut toujours commencer par montrer un point d'accord avant d'affirmer une opinion contraire. Et je termine donc par : « Je ne suis pas d'accord avec toi sur la solution, mais… je ne sais pas… » Et je le vois se calmer un peu. J'essaye comme je peux de maintenir le contact avec son humanité. Puis il me parle de « sa mission », de la satisfaction qu'il a eu à mener son action, que c'est une petite action limitée et qu'il espère qu'elle incitera « ses frères » à en mener d'autres de plus grande ampleur. Il me dit ensuite que c'est fini pour lui, qu'il n'a plus qu'à partir en martyr en tuant un maximum de flics avant… Il termine en disant fièrement : « Moi, je suis prêt à mourir aujourd'hui ! » Je dois lui répondre, je dois me désolidariser de son projet. Ne pas prononcer les mots porteurs de négativité, mais m'affirmer… Je dis calmement : « Moi, je ne suis pas prête à ça. » Soumission, je regarde le sol, mais je me tiens droite. Je ne veux ni le contredire ni me désincarner totalement.

Au niveau des caisses, dans le magasin, on entend des bruissements. Des clients, et peut-être des collègues, sont encore allongés entre les caisses et dans les rayons. Il crie : « Allez ! Cassez-vous avant que je change d'avis ! » Certains se lèvent et partent tout

de calculer par où les balles du peloton vont me traverser et si, criblée de balles, j'aurai quand même une chance de m'en sortir, ou pas.

C'est alors qu'il intervient… Une voix claire et autoritaire : « Vos gueules, reculez ! Je prends ! » Je regarde dans la direction d'où vient l'ordre et je le vois. Il se trouve à gauche des caisses, côté baie vitrée, et le peloton sur la droite, côté rayons. C'est peut-être un effet de mon imagination, je ne saurais le dire. Mais il apparaît en pleine lumière. Le soleil traverse la baie vitrée et éblouit légèrement ceux qui regardent dans cette direction. Sans tomber dans la mystique, notion totalement absente de ma vie à l'époque, on pourrait presque parler d'apparition. « Mais chef ! proteste un gendarme, vous n'êtes pas équipé ! » Arnaud Beltrame, puisque c'est lui, réitère son ordre : « Vos gueules, reculez ! Je prends ! »

Peut-être voit-il que la situation n'est pas adaptée ? Son épouse me dira bien plus tard qu'il lui a promis d'être toujours extrêmement prudent, mais qu'il était de son devoir de faire son possible pour protéger une vie, surtout celle d'un civil. Pour son épouse, il est resté fidèle à lui-même et aux valeurs qu'il portait. Ce petit détail sera pour moi la meilleure justification apportée à l'action d'Arnaud Beltrame, expliquant sa prise de risque. Soulagée de voir le peloton reculer, et dans le but de faire baisser la tension, j'ai dit à voix haute : « C'est bien, qu'il la ferme celui-là ! »

Immédiatement, celui que je prends pour le négociateur entame la discussion avec le gamin tout en avançant vers nous à pas lents. Il dit à peu près ceci : « Relâche la petite dame, elle n'y est pour rien. Je représente l'État, prends-moi à sa place. » Il le répète tout en avançant : « On est là pour discuter, la petite dame n'y est pour rien. Regarde, je me désarme. J'ai une famille, je ne veux pas faire le cow-boy. La petite dame, elle n'a rien fait, moi je représente l'État. Je vais m'avancer… » Le gamin exige qu'il lui remette son arme. Il le fait tout en essayant d'ôter discrètement le chargeur. Mais le gamin s'en aperçoit et lui fait signe de tout lui remettre. Arme et chargeur glissent au sol jusqu'à nous. Il les ramasse. Nous avons reculé dans le bureau derrière le stand d'accueil au fur et à mesure de l'avancée du gendarme. Celui-ci, dans l'encadrement de la porte, soulève son tee-shirt et tourne sur lui-même pour montrer qu'il n'a pas d'autre arme à la ceinture.

Je me rappelle avoir été très surprise par la démarche d'Arnaud Beltrame. Je ne me souviens pas avoir entendu, excepté peut-être dans les films, que des négociateurs prennent réellement la place des otages. Une partie de moi a envie de lui hurler de ne pas faire cela, que c'est inutile. J'espère qu'il est formé à désarmer un assaillant préparé. Certains ont déclaré qu'il avait été imprudent, inconséquent, insubordonné, que sais-je. Moi, je vois un homme parfaitement professionnel, excellent négociateur, appliquant une procédure. Je reconnais que chaque mot est pesé, chaque geste mesuré. Il est dans la pièce avec nous à présent. Je sers encore de bouclier. Il me regarde dans les yeux, mais ne m'adresse pas la parole. Ce sont les yeux du gamin qu'il cherche à travers moi. À aucun moment il ne me fait de signe, ou ne s'adresse à moi directement. Intuitivement, je comprends que c'est stratégique, à dessein, pour ne pas me donner d'importance. Comme si, au fond, cette histoire ne me concernait déjà plus.

Après quelques secondes de silence, le gamin lui signifie son accord. Je comprends qu'il est temps pour moi d'y aller, et pour m'en assurer je dis à haute voix : « OK, je vais avancer alors. » Pas de réponse. J'avance lentement. Je les quitte en prenant soin de marcher tout droit vers la porte. Je pense brièvement à poser les téléphones sur la table à côté d'eux pour que tout soit bien enregistré, mais je n'ose pas dévier d'un millimètre de ma trajectoire. Ces quelques pas sont les plus difficiles de ma vie. J'ai peur. Je suis persuadée qu'il va changer d'avis et me tirer dans le dos. Dans les semaines qui suivront, mon dos me fera souffrir, jusqu'à ce que je comprenne le langage de mon corps : mon inconscient a placé une plaque en fonte, vissée sur mon dos, pour me protéger de cette balle.

Je quitte la pièce, dépose les téléphones sur le comptoir d'accueil et m'avance dans le magasin silencieux. Une gendarme, à l'abri dans un rayon, attire mon attention discrètement. Je la rejoins, réponds que je ne suis pas blessée, et je la laisse me guider à travers le magasin pour sortir par les réserves, la cour, et rejoindre le bâtiment du concessionnaire installé à côté du supermarché, là où la Police a rassemblé tout le monde. Je marche et sens mon corps réagir à la situation que je viens de subir. J'ai l'impression que tout lâche : mon cœur, mes jambes, mon dos, mon souffle… Comme une immense tension qui s'échappe par tous les pores de ma peau en secousses sismiques. Je laisse la peur s'exprimer.

J'arrive au milieu de mes collègues. Je me rappelle avoir dit : « Il faut que je frappe quelqu'un ! » Notre patron se propose et je le martèle de coups de poing avant qu'il me serre dans ses bras. C'est fini pour nous. Je me rappelle une de mes collègues pleurant ou me regardant avec une sorte de colère. C'est une proche amie de Christian et on m'apprend qu'il fait partie des victimes. Pauvre Christian. Il laisse une femme et deux enfants derrière lui. Sans être un ami intime, il avait toujours le bon mot pour remonter le moral ou pour épauler un collègue en souffrance. En tant que responsable syndical, il avait à cœur de défendre ses collègues… Je ne sais pas pourquoi c'est lui, précisément, qui a été visé. Il était sur la trajectoire du meurtrier, il discutait avec une caissière avant de monter en pause… Sans doute sa carrure imposante faisait de lui une cible prioritaire pour le gamin.

Des agents sont là. On me fait entrer dans une petite salle du garage pour me poser quelques questions concernant, d'après mes souvenirs, l'équipement du terroriste. Tout s'enchaîne à la fois très rapidement et avec une lenteur désespérante. Assise sur un banc, hagarde, je me demande alors qui appeler. C'est mon frère qui me téléphone. Il doit être six heures du matin au Québec où il s'est expatrié : « Je me réveille toujours avec la radio, ils parlent d'une attaque au Super U de Trèbes, ça va ? » Une vague d'amour qui me fait pleurer : « J'ai été prise en otage, mais je suis sortie. Ça va maintenant. Appelle les parents et rassure-les. »

Ensuite on nous emmène en bus vers le stade, les dernières personnes et collègues coincés à l'intérieur du magasin nous y rejoignent. K. a été extraite, elle était restée cachée sous la caisse 10, elle répète en boucle : « Non mais, il a buté Christian ! Là, comme ça ! » Alors que le cortège d'un ministre arrive sur les lieux, on nous transporte à la mairie, où se passent les auditions conduites par la Police judiciaire pour l'établissement des procès verbaux. Le temps semble si long… Mon compagnon me rejoint et nous attendons mon tour ensemble. Je n'ai qu'une seule hâte, c'est de rentrer chez moi et de serrer ma fille dans mes bras.

Ma déclaration est enregistrée par un officier de Police judiciaire. Deux de ses collègues sont présents dans le bureau, visiblement occupés à d'autres tâches. Je réponds le plus précisément possible à ses questions. Lorsque vient le moment de raconter l'entrée des gendarmes dans le magasin, je me permets de dire qu'à mon sens, les cinq gendarmes, en nous braquant, ont envenimé une situation à peu près stabilisée. Je suis surprise par la véhémence des réactions de ces agents qui s'écrient comme un seul homme : « Mais madame, vous ne pouvez pas dire ça ! » D'ailleurs, mon impression est omise dans le procès-verbal final. Peut-être veulent-ils épargner à leurs collègues quelque difficulté. Je suis du reste persuadée qu'ils ont parfaitement exécuté une procédure maintes et maintes fois enseignée dans ce genre de cas. Mais telle est mon impression. Je ne veux pas accuser qui que ce soit d'avoir mal agi, mais je pense simplement que, puisque cela lui a été reproché post mortem, l'action d'Arnaud Beltrame a été la plus adaptée à la situation, d'après moi. Enfin, l'audition se termine, et j'apprends que l'officier qui a pris ma place est encore avec le terroriste. Je me prends la tête dans les mains : après toutes ces heures passées sous tension, le gamin va être épuisé et, en toute logique, il finira par tirer sur l'officier pour déclencher un assaut et sa fin…

Je suis autorisée à partir, non sans passer par la cellule médico-psychologique installée un peu plus loin. Établissement du premier certificat médical, constatation du choc post-traumatique « majeur »… Une carte d'identité de victime. « Document essentiel pour votre dossier, Madame », me dira-t-on plus tard.

Enfin, je pars chercher ma fille chez sa nounou. Je me rappelle m'être assise par terre et l'avoir serrée dans mes bras. Plusieurs années après, elle m'a confié se souvenir très bien de ce moment et m'a avoué que je lui avais fait très peur car « j'étais très bizarre ». Je la crois sur parole. Sur le trajet du retour, elle m'apprend qu'elle a vu les images du « magasin où travaillait maman » à la télévision et capté aussi les chuchotements angoissés de sa nounou avec son conjoint. Pour un enfant, même à son âge (moins de 3 ans), un événement étrange, inhabituel, reste gravé et, s'il n'est pas expliqué, il peut gangrener son imaginaire. Alors j'ai expliqué simplement : un gros accident au magasin, qui a fait peur à tout le monde, et qui est terminé maintenant. Je n'en veux pas à la nounou. On ne peut pas tout cacher à un enfant. Et elle avait été caissière au magasin quelques années auparavant… Personne n'est préparé à gérer parfaitement une journée pareille.

Nous sommes ensemble ce soir-là, le reste ne compte plus. Nous rentrons parfaitement épuisés. Je reçois un appel du ministre de l'Intérieur de l'époque. Je ne me rappelle plus vraiment ce qu'il m'a dit. Des phrases creuses, convenues, que mon esprit n'a pas retenues. À quoi bon ? Que pouvait-il vraiment comprendre ou véritablement me dire ?

Avant de me coucher, j'apprends qu'Arnaud Beltrame a été blessé. Angoisse, tristesse et colère. Le lendemain matin, c'est mon compagnon qui allume la télévision, alors que je serai bien restée quelques instants de plus coupée du monde. Arnaud Beltrame est mort. Le choc s'additionne au choc. Quel gâchis, quelle perte !

J'admets que je n'y connais rien, que je n'y étais pas, que les forces de l'ordre ont certainement fait tout ce qu'elles pouvaient, mais il n'y a rien à faire, c'est humain et instinctif : je ne peux pas m'empêcher d'être en colère que l'on n'ait pas pu aider l'officier et le sortir de là. C'est ma position, elle n'est pas raisonnable, mais pour moi, c'est comme si on l'avait laissé tomber, on l'avait abandonné. Peut-être qu'un jour un spécialiste arrivera à m'expliquer exactement comment les événements se sont déroulés empêchant les forces de l'ordre de sauver Arnaud.

La sidération

À ce point du récit, il me faut raconter mon parcours. Qu'est-ce qu'une « ingénieure en qualité-sécurité-environnement » diplômée d'un DESS (Bac + 5), après une Maîtrise (Bac + 4) de biologie cellulaire végétale, pouvait bien fabriquer derrière le comptoir d'accueil du Super-U de Trèbes ? Il est vrai que ma carrière a commencé dans les hautes sphères des entreprises. Je me suis toujours laissée porter par la curiosité. Je voulais découvrir comment fonctionne le monde. Et j'avais une passion pour la gestion de projets et la communication. Après avoir officié pendant plusieurs années dans la protection de l'environnement auprès des entreprises, j'ai compris que mon travail consistait généralement à permettre aux gros pollueurs de continuer à polluer, grâce à ma production, avec les autorisations administratives mises à jour. J'ai découvert également que des conflits de pouvoir au sein d'une organisation, quelle qu'elle soit, pouvait mettre à terre en un claquement de doigts, le travail de plusieurs années à leur service. J'étais fière de pouvoir m'endurcir au contact des réalités de terrain. Un peu lassée par la protection de l'environnement, j'ai basculé dans la protection de la santé et de la sécurité des salariés. Pendant plusieurs années j'ai effectué du conseil en entreprise, dans tout type de secteurs : BTP, agro-alimentaire, industrie... Je faisais des audits, des réunions de travail, des plans d'actions et des formations... C'est en tant que formatrice de Sauveteurs secouristes du travail, que j'ai appris ce qu'il fallait dire en appelant les secours, et que ces appels étaient toujours enregistrés. Donc mon travail consistait à aider les entreprises à réduire les risques d'accidents et de maladies professionnelles. J'aimais travailler avec les ouvriers, les personnes de terrain que j'apprenais à connaitre lorsque je faisais un premier audit de l'établissement.

Il fallait aussi décortiquer la réglementation applicable à l'entreprise, puis présenter, avec un tact infini, aux membres de la direction, les résultats de mes investigations. Il s'agissait ensuite de travailler avec eux sur des plans d'action, puis les mettre en œuvre. C'était passionnant et complexe. Après quelques années à un rythme fou, j'ai rencontré des difficultés avec un petit groupe d'entreprises. J'étais fatiguée, j'ai préféré m'arrêter pour prendre un peu de recul.

Finalement au chômage, j'ai profité de ce temps pour monter un solide dossier aux prud'hommes contre ces employeurs qui avaient largement abusé de leur position, et de la loi, pour me faire du tort. Puis j'ai repris le travail dans une grande société, lorsque ma fille a pointé le bout de son nez, ce qui a bouleversé mon existence. Il ne faut pas sous-estimer la révolution que produit l'arrivée d'un enfant dans une vie. Celle-ci change à jamais.

Après un an à veiller sur ses premiers pas, j'ai voulu trouver un travail alimentaire. Sans prise de tête ni implication envahissante pour une vie de famille. Paradoxalement, cela n'a pas été une mince affaire. On a tendance à se méfier des profils surdiplômés dans des métiers sans qualification particulière, cela laisse sous-entendre des ennuis psychologiques, des fragilités, ou en tout cas une image de « loser ». Et puis, être surdiplômé fait peur d'une autre manière. On ne vous embauche pas pour un poste de secrétaire, de crainte que vous ne sachiez tenir sur place et que vous empiétiez sur vos supérieurs hiérarchiques ! J'ai vu un directeur d'agence, en entretien d'embauche, avoir peur que je prenne sa place… Face à ces réactions, ne sachant plus vers quel métier me tourner, j'ai tenté une candidature dans le supermarché où je faisais mes courses, à Trèbes… Caissière, c'est un peu le pendant féminin de « éboueur » pour les hommes. On se dit que si on ne travaille pas bien à l'école, on finira caissière… J'étais malgré cela assez fière de moi : vaincre la peur de finir caissière pour m'adapter dans ce métier a été une belle réussite. Sur le plan financier, un salaire de caissière à 80 % est en soi une concession sur notre niveau de vie. Mais avec un peu d'argent de côté, un compagnon qui travaille, et quelques sacrifices, notre budget tenait la route. Je m'étais donné deux ans pour ce job alimentaire, mon CDD devait prendre fin en septembre 2018 et, dès janvier 2018, j'avais commencé à poser des candidatures pour des postes à hauteur de mes qualifications. Avant l'attentat, nous discutions beaucoup avec mon compagnon pour ouvrir ensemble une entreprise de prestations à l'aide de drones. En bref, une vie de couple comme des millions de gens : des hauts, des bas, des projets, une vie de famille comme il y en a beaucoup. L'attentat a tout explosé.

Mais revenons au jour suivant le Jour J. Sur une suggestion avisée de mon père, je contacte la Gendarmerie pour leur demander si je peux voir le corps d'Arnaud avant qu'il ne soit rapatrié à Paris. Au fond de moi, je veux lui rendre hommage. Surtout, vivre cette épreuve jusqu'au bout. Faire mon deuil complètement. Revoir ce visage qui m'avait sortie d'un enfer duquel j'aurais pu ne jamais revenir. La réponse arrive un soir un peu avant minuit : « Oui, mais avant huit heures du matin. » Je comprends que c'est pour éviter de croiser ses proches. Je pense à son épouse, je suis persuadée que je suis la femme qu'elle doit le plus haïr sur terre. Son mari a perdu la vie pour sauver la mienne ! Elle doit m'en vouloir à la hauteur de sa perte…

Je prends donc la route tôt ce matin-là. Avec mon compagnon, nous sommes accueillis par des militaires en tenue de cérémonie. Ces tenues sont très belles. Ces hommes et cette femme sont dignes, imposants. Ils m'intimident, mais ils se montrent attentifs et très respectueux. Dans ce funérarium, l'ambiance est solennelle, digne, calme, elle traduit toute l'honorabilité du soldat gardé ici. Ils me conduisent auprès de sa dépouille. Le visage d'Arnaud Beltrame semble encore marqué par les luttes qu'il a menées pour rester en vie. Je pense à son épouse qui a veillé toute la nuit l'aidant à lutter contre la mort dans ses dernières heures. Je m'approche et pose la main sur sa poitrine. Je le remercie longuement pour son courage. Dans mes tripes, je sens une rage qui me tenaille, la colère d'avoir perdu une vie si précieuse pour l'humanité, d'avoir perdu un homme si honorable. Je lui dis que j'essayerai de me montrer digne de la vie qu'il a protégée en risquant la sienne. J'espère qu'il est en paix là où il se trouve. Ces moments, je l'ignore encore, sont les derniers moments de paix que je connaîtrai. Ces instants auprès du corps d'Arnaud sont précieux parce que hors de la folie du temps et de la violence. Il n'y a que la paix qui règne dans cette pièce. Mais je dois me hâter de partir, par respect pour sa famille qui doit arriver bientôt. Je le remercie une dernière fois. Je ne suis pas croyante à ce moment-là, mais, je ne saurais dire pourquoi, je suis persuadée qu'il m'a entendue. Dehors, le monde avec son cortège de violences m'attend et il me faut partir.

Les violences sont d'abord le fait des journalistes. L'intrusion de la presse commence avant la cérémonie d'hommage à Arnaud Beltrame à Paris, comme si tous les rubricards de ce pays fondaient en une nuée de sauterelles dans ma vie. Faisant irruption dans mon intimité, dans mon village, devant ma porte… mais aussi par téléphone, par courrier, par messages déposés à la mairie, avec interrogatoire des commerçants du village. Comme des bulldozers dans une maison aux fondations ébranlées. Et ce n'est pas moi qu'ils cherchent : ils cherchent

« l'otage échangée ». Par chance, le village entier me protège et le père de ma fille, bâti comme un colosse, par sa simple présence imposante à la porte, suffit à chasser les importuns, du moins à calmer leur ardeur. Pendant qu'il monte la garde, je sombre dans une sorte d'état semi-comateux, vidée de toute force et de toute envie de me lever. Comme un animal blessé et traqué, je me terre chez moi.

Même mes proches ne sont pas épargnés. J'apprends par mon père qu'un magnat de la presse locale a fait pression, par l'intermédiaire d'un autre médecin, sur mon père pour que je témoigne dans les colonnes de son journal. Mon pauvre papa! Il est déjà un survivant… Quinze ans auparavant, il était sorti victorieux d'une grave maladie et il vient de se faire diagnostiquer un cancer. Lui, si intimiste, si jaloux de la paix intérieure de son ménage et voyant avec une franche hostilité tout déballage. Lui si pudique, dont le proverbe « Vivons heureux, vivons cachés » aurait pu être une devise familiale, certainement une sagesse empruntée au secret médical, souffre de cette médiatisation forcée, cet assaut en règle visant à briser l'intimité de son foyer. Je leur en veux terriblement pour cela. Avec mon compagnon, nous déposons plainte pour harcèlement contre un journaliste particulièrement tenace, espérant que cela dissuade les autres. Espoir vain.

Ce harcèlement médiatique se poursuit jusqu'au cœur des Invalides pendant la cérémonie nationale d'hommage à Arnaud Beltrame et aux victimes. Il paraît que cette cérémonie est belle ! Elle est en tout cas un indispensable hommage national pour ce que représente Arnaud Beltrame dans l'esprit des gens, mais je ne vois rien. Je passe la cérémonie à fuir une journaliste qui me harcèle et je me réfugie dans les rangs de la brigade de Gendarmerie de Carcassonne. Je ne ressens pas grand-chose, ni pendant cette cérémonie, ni lorsqu'Emmanuel Macron nous invite dans un salon des Invalides pour nous serrer la main. Je bredouille un « merci » pour dire quelque chose, mais je ne ressens strictement rien face au chef de l'État. Ma révolte contre les événements est ancrée, mes nombreux « pourquoi » restent désespérément sans réponse. Seul le geste d'Arnaud Beltrame est limpide.

Cette descente aux enfers, par presse interposée, n'est pas terminée. En juillet 2018, alors que j'arrivais enfin à ressortir de chez moi seule, j'ai tenté de m'éloigner de tout cela, en partant quelques jours me reposer dans le village de mon enfance. À mon arrivée, le coup est violent: je vois la quasi-intégralité de mon procès-verbal et de mon témoignage étalé dans la presse. Cela peut paraître relativement indolore pour beaucoup, mais je le vis comme une agression insupportable. Ma déposition, enregistrée sous le sceau du secret par des officiers de police et des magistrats est jetée en pâture à l'opinion publique. Il me semble que c'est *Le Monde* qui a sorti le premier le détail de mon procès-verbal. Je l'ai très mal vécu et l'ai fait savoir aux policiers qui m'ont dit: « Oh! Vous savez, c'est toujours comme ça! » Des titres de presse font état de « confidences » que j'aurais livrées, alors que je n'ai parlé à personne. Cette phrase répétée en boucle que j'aurais soi-disant prononcée: « Il a donné sa vie pour moi, il s'est fait tuer pour que je vive » est totalement inventée. Arnaud ne s'est pas sacrifié pour que je vive, ce serait faire insulte à son professionnalisme et à sa capacité de juger une situation. Arnaud Beltrame a pris des risques pour me faire sortir de là, pensant avoir suffisamment d'outils, de solutions, de possibilités pour s'en sortir : la « manipulation » mentale du terroriste, la ruse, les techniques de combat pour le désarmer et l'immobiliser, et surtout, le soutien des forces d'intervention avec peut-être des équipements sophistiqués…

Voilà donc toute la considération que la société porte à ceux qui ont vécu une terrible épreuve : balancer nos états d'âme en violant et le secret de l'instruction, et notre intimité. On me demande de collaborer à l'enquête et, en retour, on jette ma parole en pâture à l'opinion publique. Comment ne pas créer un immense sentiment de défiance qui se rajoute aux secousses de l'épreuve ?

Suite à ce déferlement médiatique, je me suis écroulée avec une grande violence. L'épuisement accumulé les mois précédents n'aidait pas. Et puis, il faut imaginer l'onde de choc que provoque sur l'entourage un tel effondrement. Je me vois sombrer, tout comme je perçois le regard d'incompréhension de mes proches qui ne savent pas comment réagir. Ils me voient m'effondrer mais ils sont désemparés, et désarmés. Ils comprennent mal ce qu'il m'arrive. Ils ont peur pour moi. Dans ce contexte, aucune de leurs réactions n'est à propos, aucune de leurs initiatives ne tombe juste. Cela ne fait qu'accroître le sentiment de solitude et surtout développe de la culpabilité pour la victime. Alors je me contente de me lever le matin, de me traîner chez le psy en espérant trouver enfin une oreille préparée à recevoir ce genre de fardeau et de confidences. Je me souviens d'une journée « zombie », alors que mes jambes et mon visage ne me répondent plus. Il fallait que je m'éloigne.

Dans les semaines qui ont suivi, j'enchaîne les rendez-vous médicaux et psy, puis prépare une semaine de congé seule, dans un cadre ultra-calme et reculé. Un endroit où je serais parfaitement anonyme. La nature, un petit hôtel modeste et un vieux centre de cure thermale. On est en août 2018. Avec seulement des livres à lire, dans lesquels je cherche des moyens de me reconstruire. Je suis rentrée chez moi avec quelques nouvelles forces, et une forme de résignation. Résignation par abdication. Pas de quoi envisager un avenir serein.

Plus tard dans l'année, peu de temps avant l'anniversaire de ma fille, je reçois les courriers manuscrits de deux journalistes expliquant qu'elles seraient à proximité de mon domicile le jour de l'anniversaire de ma fille, pour recueillir un témoignage, sous-entendant que l'anniversaire serait pour moi un moment si émouvant que je serai certainement encline à m'exprimer publiquement… J'ai fait nos valises et nous sommes parties nous cacher pour fêter cet anniversaire…

Les jours qui passent ne voient pas mon état s'améliorer. Je vois aussi mes collègues se remettre de manière totalement différente de cette épreuve et je comprends qu'aucun chemin de guérison n'est identique. Je pense à l'une des caissières qui pleurait à gros sanglots à chaque évocation du drame, cela pendant une longue période, mais qui s'est ensuite relevée. Elle a tout expulsé d'un coup, cela a été brutal, mais salutaire. En ce qui me concerne, cela est beaucoup plus long et ardu. Pourtant tout est fait pour que cela aille très vite. Beaucoup trop vite. Comme s'il fallait effacer toute trace, tourner vite la page et faire comme s'il ne s'était rien passé.

D'autant que, dès le lendemain de l'attentat, notre employeur avait organisé une cellule d'information et de gestion de crise. Une psychologue indépendante était là pour nous trouver des professionnels, nous orienter, nous conseiller individuellement. C'était la coordinatrice psychologue mise à disposition par Système U. La première année, elle a été ma bouée de secours pour diverses difficultés. Il faut reconnaître que nous avons été aidés financièrement dès les premières semaines. Néanmoins, il a fallu mener un marathon fou les trois premiers mois, enchaînant les différents rendez-vous. Trouver un psychiatre, un avocat, un psychologue, rencontrer les différents services de l'État, le Fonds de garantie, passer notre première expertise médico-légale, etc. Un marathon de trois mois, qui débouchera sur une succession de déconvenues et de déceptions s'étalant finalement sur plusieurs années.

« Mais pourquoi vous ne voulez pas aller mieux, Madame ? »

Le reproche que m'a formulé une psy a le mérite d'être une caisse de résonance pour mon entourage. Car, même après quatre ans de soins, je ne parviens pas à remonter la pente.

> « Les personnes présentes sur les lieux de l'acte de terrorisme qui ont subi un dommage physique ou psychique directement lié à cet acte bénéficient de la prise en charge à 100 % de tous leurs frais de santé rendus nécessaires par cet acte de terrorisme, sans avance de frais de leur part. Cette prise en charge inclut les consultations médicales et psychiatriques (y compris

> les dépassements d'honoraires), les frais de transport, les médicaments, le forfait hospitalier, les prothèses dentaires, ainsi que certains dispositifs médicaux inscrits sur la liste des produits et prestations remboursables (comme les prothèses, les véhicules pour handicapés physiques, etc.). »

Ce texte est le premier sur lequel on tombe lorsqu'on navigue sur les services de l'État dédiés aux victimes du terrorisme. C'est beau, c'est simple et cela semble de bon aloi. Mais la réalité est tellement différente ! Beaucoup plus abrupte… Aussi inhumaine que peut l'être une administration.

Avec du recul, je parviens à analyser la situation et à comprendre certaines choses, comment les fragilités qui existaient déjà dans l'édifice ont favorisé l'explosion de mon ancienne vie. Mais, sur le coup, tout s'enchaîne. Basculant dans une situation de victime, on court de convocations en réunions, à une fréquence atteignant entre cinq et huit rendez-vous hebdomadaires. Pour affronter tout cela, il faut remplir d'énormes dossiers afin de toucher quelque avance du fonds d'indemnisation des victimes, non pour vivre confortablement, mais pour payer les frais de tel ou tel déplacement. Il m'a fallu du temps pour trouver un traitement adapté et une relation stable avec un professionnel. Au début, on vous envoie de spécialistes en spécialistes qui, bien souvent, ne sont pas du tout formés à gérer des syndromes de stress post-traumatiques de cette nature.

La cellule de crise mise en place par notre employeur, pour nous faciliter les choses, nous a très rapidement proposé un avocat pour nous représenter. Appartenant à un cabinet d'affaires parisien, il était peut-être compétent, mais il me manquait une garantie d'indépendance qui m'est chère. J'ai préféré faire mes propres recherches pour trouver un avocat.

La coordinatrice psychologue de Système U nous a très vite orientés sur une structure de la ville, mais le premier contact avec la psychiatre s'est très mal passé. J'ai pris le temps de chercher ailleurs. Il m'a fallu quelques semaines, mais j'ai trouvé un psychiatre en ville comme on n'en fait plus. Il a accepté de me suivre pendant un an, avant de partir à la retraite, à 80 ans. Il a été d'un grand secours, il comprenait mes réactions, savait mettre à jour en douceur mes incohérences et m'amener à progresser, notamment dans l'acceptation de ma médiatisation forcée. Il a su trouver un traitement antidépresseur qui m'a soulagé la première année, avant de se révéler insuffisant dans les épreuves supplémentaires que je traversais, et d'être augmenté par le psychiatre suivant.

La coordinatrice psychologue de Système U nous a également orientés vers un professionnel EMDR (thérapie visant à gérer le stress post-traumatique) à Carcassonne. L'EMDR m'a fait du bien au début : le psychologue m'a débarrassé des plus lourdes douleurs physiques laissées par mon inconscient – sensation de plaque en fonte vissée dans le dos, trou dans la tête, cervicales douloureuses. De concert avec les séances d'ostéopathe, cela m'a beaucoup soulagé. Puis la période de crise du couple a ajouté de la complexité à mon profil, et prenait tellement de place dans mon esprit qu'il était très difficile, pendant plusieurs mois, de traiter les suites de l'attentat. Puis il y a eu une addition de fardeaux supplémentaires, liés au traitement des victimes par le Fonds de garantie et aux questions non résolues par l'enquête, que les psys ont eu du mal à gérer. Mais des fardeaux qui, à l'instar d'une avalanche, ne sont que la suite logique de la première chute de pierres.

Ce suivi en pointillé empêche la régularité indispensable, mais surtout rajoute au sentiment d'inconfort et au besoin d'assurance qui me tenaillait. On passe de spécialiste en spécialiste. On nous met des mots sur ce qu'on vit. On égraine des concepts. On nous soulage pour un moment, mais on ne nous soigne pas.

On nous dit qu'il faut nous remettre dans le bain tout de suite, parce que, plus tard, ce sera plus difficile. « Qu'est-ce qui vous irait le mieux ? Le retour à l'emploi ou la reconversion professionnelle ? » Dans les trois mois qui ont suivi l'attentat, j'avais déjà rencontré la CPAM, l'Inspection du travail, Pole emploi, la Médecine du travail, le FONGECIF et le Fonds de garantie. La grande majorité de ces rendez-vous tournaient autour de ma reconversion professionnelle, mes projets, mes besoins en formation. Mais qu'on ne se méprenne pas ! Tous ces services m'ont accueillie avec beaucoup de tact, mais dans la limite des procédures légales accessibles à tous. Ils n'ont pas fait de miracles, ils étaient là comme conseillers personnalisés, attentifs et bienveillants, mais sans solution miracle. En bonne élève, sans y croire totalement, en septembre 2018, je travaillais déjà sur mon projet de création d'entreprise avec mon compagnon et en novembre, je bouclais un gros dossier de demande de financement de formation. Je m'enferme chez moi pour réussir cette prouesse.

Au printemps 2019, j'ai passé ma formation avec la même énergie. L'énergie du désespoir peut-être, une forme de déni de la réalité : je sombre et mon couple avec moi. Je rame très fort pour réussir cette épreuve de force. Et je peux le dire avec du recul, c'était plus pour les autres que pour moi-même. Une telle charge de travail, je n'en serai plus capable aujourd'hui, sans une équipe dévouée pour m'aider quotidiennement et sur un objectif qui vient de moi, comme publier un livre par exemple… C'est, au fond, une bonne chose de nous amener très tôt sur la voie de la reconversion professionnelle et du retour à l'emploi. Mais je crois que si l'on fait un sondage aujourd'hui, on constatera qu'à moyen terme il y a eu un très fort taux d'échec, même si sur le coup, il semble y avoir des résultats positifs. Les personnes que je connais, dont moi-même, n'ont pas tenu dans leur nouvel emploi ou dans leur projet de reconversion qui prenait une bonne tournure au départ. On exige des victimes de travailler en se soignant, de se soigner en travaillant. Un équilibre impossible à trouver.

On m'apprend aussi qu'on peut postuler pour demander l'attribution par le président de la République de la Médaille nationale de reconnaissance aux victimes du terrorisme. J'étais partagée entre le rire et le profond abattement. Créée à la suite des attentats terroristes de 2015, cette médaille est censée apporter aux victimes une reconnaissance nationale. J'apprendrai quelque temps plus tard que cette médaille arrive, dans l'ordre protocolaire, avant celle destinée aux blessés de guerre, c'est-à-dire à ceux qui ont risqué leur vie pour nous secourir. Derrière le bon sentiment, l'insulte. Je me sens comme ce soldat gravement amputé après une bataille à qui on donne une affectueuse tape sur la joue et que l'on retrouve quelques jours plus tard, appuyé sur ses béquilles à mendier sous le porche d'une église. La cocasserie de la situation est ceci dit proportionnelle à la quatrième dimension dans laquelle ma vie a basculé. Je cherche ardemment des solutions efficaces et on me propose une médaille !

Récompenser les victimes au lieu de lutter contre le terrorisme : une cérémonie aux Invalides, une distribution de médailles à tout le monde, un bon coup de balai sous le tapis, et on recommence. On repart de la cérémonie avec une poignée de main du président de la République, on monte dans l'autocar et on est prié de refaire nos vies et de continuer à contribuer à la grandeur de son pays, de traverser au vert et de boucler sa ceinture de sécurité. Tout cela confine à l'absurde et, vécu à la première personne, n'a pas beaucoup de sens. On perd pied psychologiquement parce que tout s'effondre, et ce qui reste debout n'a plus vraiment de sens. Comme un fast-food posé au milieu de ruines antiques.

Pourquoi je ne vais pas mieux ? J'affronte également un trop grand nombre de questions qui demeurent sans réponse. En 2021, alors que j'écris frénétiquement mon ressenti sur un cahier, une évidence me saute au visage. La situation était stable avant l'entrée de l'équipe de première intervention. Je n'étais pas menacée directement par le terroriste, il ne me maltraitait pas, il n'y avait pas d'urgence absolue à intervenir puisque, comme les secours venaient de l'apprendre à travers le téléphone que j'avais sur moi, Lakdim n'avait pas l'intention de faire d'autres victimes : il attendait une confrontation avec les « flics » avant de mourir.

Alors pourquoi entrer tout de suite ? Pourquoi ne pas chercher une fenêtre de tir ? Il y avait l'embarras du choix dans ce magasin au vu de notre position. D'autant que je « gérais » la situation. Comme me l'a confié un jour un officier supérieur de Police : il utilisait, lors des formations qu'il animait, la transcription de mes échanges avec le terroriste pour illustrer la meilleure manière de communiquer en situation de crise.

L'équipe de première intervention n'était-elle pas informée des données recueillies par le 17 ? Une interview d'un négociateur du GIGN, parue en 2022 je crois, confirme cette évidence. Ce coordinateur nous apprend qu'Arnaud Beltrame n'avait pas connaissance des données recueillies via le téléphone, données qui leur avaient permis de conclure que le chargeur du terroriste était probablement vide. Et le coordinateur de conclure que, finalement, c'est Arnaud Beltrame qui, sans le savoir, a fourni une arme chargée au terroriste…

L'équipe de première intervention, étant au préalable passée par les bureaux à l'étage, avait évidemment eu accès aux images de la vidéosurveillance. Mais l'arrière de l'accueil n'était couvert par aucune caméra. Ainsi, pour avoir une idée précise de ma situation, il fallait nécessairement connaître les informations recueillies via le téléphone qui était toujours en lien avec les Secours du 17. Pourquoi être entrés aussi précipitamment dans le magasin, avec cette technique-là ?

Je ne suis évidemment pas formée aux protocoles d'interventions, mais tout cela me paraît incomplet. « L'absurde possède une capacité à s'intégrer à la réalité, à y acquérir une sorte de légitimité », écrivait le romancier russe Boris Khazanov. Il y a un peu de cela.

Un attentat terroriste, par définition, va à l'encontre de ce qui régit une vie et une existence. Plusieurs décennies à nous expliquer que tout va bien, à nous vendre le vivre-ensemble et le confort consumériste comme seul horizon ont fini par nous convaincre que rien ne pouvait sérieusement compromettre nos existences. On travaille, on se déplace, on fait ses courses… Et puis un terroriste fait irruption et transforme notre quotidien en zone de guerre. Outre la violence et la peine qu'il provoque, le terrorisme rend l'existence relativement absurde. À quoi bon construire une vie si celle-ci peut exploser du jour au lendemain parce qu'un paumé a décidé de l'inverse ? Tout cela rentre en compte dans le cheminement psychologique.

Encore une fois, pourquoi ne vais-je pas mieux ? D'une part, je n'ai pas droit à la parole publique sans prendre de risque, je ne peux pas me permettre de dire toutes mes interrogations face à l'enquête et aux faits médiatisés. D'autre part, le procès qui devrait m'apaiser était loin d'être programmé à l'époque, et même lorsqu'il aura lieu, je ne pourrai pas tout dire, tout questionner, donc je ne pourrai pas avoir cette sensation salvatrice que toute la vérité a été dite et entendue. Et pour finir, je n'ai pas le sentiment d'être reconnue dans toutes les dimensions de ce que je vis en tant que « victime ». Pour le psychologue que j'avais face à moi, les articles de presse m'apportaient cette reconnaissance. Je n'étais pas d'accord avec lui à l'époque – et je ne le suis toujours pas aujourd'hui : ce n'est pas parce qu'on parle de moi dans la presse que je me sens « reconnue », au contraire, je me sens utilisée à des fins médiatiques. Comme s'il fallait nourrir la bête au détriment parfois de la vérité.

Je veux que le lecteur comprenne une chose : je ne suis pas en train d'imaginer un complot ou insinuer de quelque manière que ce terroriste serait le pion d'une quelconque addition d'intérêts. En revanche, cette somme de questions sans réponses, ces zones d'ombre... tout cela ne m'aide pas à aller mieux. Je cogite, je cherche des réponses à d'insondables questions. J'enrage de ne pas obtenir de réponses. Tout cela ne m'aide pas à aller mieux, parce qu'il y a, dans chaque victime, la tentation de rationaliser le mal, peut-être faudrait-il essayer de se rassurer en se disant que beaucoup de choses nous échappent.

L'effondrement de la cellule familiale

En septembre 2018, ma sœur se marie un an plus tôt que prévu. Le cancer de papa reprend avec une grande violence, il ne supporte pas la chimiothérapie et décède en janvier 2019. Le Noël que nous passons tous ensemble et le mariage de ma petite sœur juste avant son décès sont une parenthèse de bonheur dans un océan de peine, laissant ma chère maman seule. Elle sera d'une aide précieuse et un indicible allié pour moi dans les années d'épreuves qui suivront. La cérémonie laïque dans un crématorium me laisse une impression douce-amère. La joie de voir la famille rassemblée autour de papa est un peu gâchée par les officiels présents, comme si mon histoire, et son lot d'intrusions qui angoissait tant mon père, s'invitait jusque dans son dernier voyage. Il a été incinéré selon ses vœux, mais la froideur du crématorium rebute. Comme une pâle copie d'une église qui ne parvient pas à reproduire la paix qui s'en dégage. Une impression confirmée par l'incinération. Une représentation froide et sans espérance de la mort. Mais cela, je ne le comprendrai que plus tard. Nous sommes en janvier 2019 et la mort de mon père marque le début de l'explosion de mon foyer.

Je dois admettre que mon compagnon aussi a trinqué. Pendant plus de six mois après l'attentat, il a arrêté de travailler pour me soutenir et m'aider. Il a servi de garde du corps, de chauffeur… Lui aussi a dû enchaîner les arrêts de travail, les mi-temps… Notre couple, déjà éprouvé et fragile, avançait inexorablement, malgré des tentatives de thérapies et de suivis psychologiques ensemble, vers l'explosion pure et simple. Et cela va se traduire en acte très rapidement.

Au printemps 2019, je tâche de terminer ma formation de télé-pilote de drone professionnel. Cela coïncide avec le point de rupture avec mon compagnon qui s'est alors déchaîné. Ce projet d'entreprise aurait dû renforcer notre couple, mais il me reproche de ne pas me projeter et de ne pas y croire. Je peux reconnaître qu'il a raison. Je m'acharne à finir cette formation tout en étant incapable de me projeter au-delà. Nos relations se détériorent fortement avec des aléas que je ne développerai pas ici. Jusqu'à ce qu'il nous expulse du domicile avec ma fille. J'ai trouvé refuge dans un petit appartement… Nous étions en avril 2019. Cédant à ses promesses et à l'assurance de ses regrets, je reviens chez nous avec ma fille quelques semaines plus tard.

En juin 2019, j'apprends que mon procès aux prud'hommes a échoué en appel. Pour des raisons que je ne développerai pas ici, je m'y attendais depuis le début, je savais qu'il faudrait aller jusqu'en cassation. Mais épuisée, je renonce à me pourvoir en cassation, c'était le combat de trop à présent. Cet épisode peut paraître secondaire, mais il signe pour moi une immense défaite, actant mon impossibilité d'obtenir justice. Les uppercuts s'enchaînent.

Le mois suivant, à la suite d'une énième dispute, il nous remet dehors. J'envoie alors ma fille chez ma mère et contacte le SAMU social qui, au bout de quelques jours, nous a trouvé un petit deux-pièces dans une cité mal famée de Carcassonne. Un peu plus d'un an après l'attentat, je suis sans conjoint et sans domicile, hébergée par l'aide sociale avec ma fille. En plus des démarches en lien avec les services de victimes, les psys et le traumatisme, il me faut à présent mener de front une procédure de séparation tout en me battant pour la garde de mon enfant. Dans notre couple, j'avais la fonction de locomotive. Les projets, l'avenir, quoi faire… c'était mon rôle. Les psys m'expliqueront, plus tard, qu'il n'a pas supporté de me voir m'effondrer. Que c'est finalement assez classique : l'entourage trinque lors d'un événement aussi dramatique. Mais je sais déjà que l'idée même d'une rupture sera très difficile à assimiler pour lui dans la paix et le respect. J'ai toujours su qu'il me faudrait être très forte, solide socialement, si on se quittait un jour. Or, un an après l'attentat, je n'ai plus la solidité nécessaire pour faire face à une rupture avec lui. Cet enfer ne prendra réellement fin qu'en octobre 2021, lors du jugement définitif sur le mode de garde de notre enfant. Avec des épisodes de violence, de harcèlement et de coups bas que mon état me rendait incapable d'encaisser normalement.

Avec un peu de hauteur, je m'aperçois assez vite que l'attentat n'a fait qu'accélérer trop brutalement une situation déjà fragile et à l'équilibre précaire. Sans la prise d'otage, aurais-je continué de bâtir un projet de vie avec mon compagnon ? Je suis persuadée du contraire. L'attentat a non seulement accéléré un processus, mais il m'a aussi rendue inapte à le gérer. Je me suis retrouvée comme un fétu de paille malmené par les vents, sans pouvoir aller à l'affrontement ou au moins à la lutte pour ma dignité : je suis à terre et il ne me reste que la fuite.

En juillet 2019, me voilà donc gonflant les chiffres des mères victimes de violence, souvent trimballées de foyers en foyers, moi en hébergement d'urgence. Pendant que la société se targue d'évolution sémantique et d'invention de nouveaux termes, des femmes entrent dans une longue nuit. Je dois cependant remercier les éducateurs sociaux du SAMU social. Dans ces moments de détresse insondable (difficultés à connaître et comprendre les règles de droit qui permettent de protéger l'enfant, trouver des solutions pour obliger les gendarmes ou policiers à prendre votre plainte pour violences conjugales), ils ont été professionnels et efficaces. Je leur dois beaucoup. Et c'est à ce moment que ma mère est devenue l'un de mes rocs. Combien de fois m'a-t-elle aidée, supportée, assistée ? Ma fille a trouvé chez elle un refuge de paix, coincée entre une mère épuisée qui mène des batailles quotidiennes tous azimuts pour s'en sortir, et un père qui perd pied à tous les niveaux. Ma fille a trinqué. Les premiers mois, elle répétait en boucle : « Moi, je ne peux pas rentrer à ma maison parce que mon papa est toujours en colère parce que je ne suis pas sage. » Quel cœur de mère ne saignerait pas ? J'avais beau le lui dire dans tous les sens possibles, elle n'intégrait pas qu'elle n'y était pour rien. Heureusement que je l'avais fait suivre, cela l'a sauvée je crois. S'exprimer, recevoir les mots justes d'un professionnel qui l'a comprise, traiter sa culpabilité d'enfant… Puisque les enfants pensent toujours être la cause de la séparation de leurs parents… Cela aussi, c'est une conséquence de l'attentat impossible à quantifier, la séparation aurait été plus gérable, plus « normale » pour ma fille : j'aurais pu partir dignement, trouver rapidement un nouvel emploi, ne pas être systématiquement accusée de transférer sur le compte de mon ex-compagnon la violence vécue dans l'attentat…

Me voilà donc dans l'une des deux cités chaudes de Carcassonne dans laquelle je suis restée deux ans. Dans cet univers clos, hors des lois de la République, ce sont les dealers qui font la loi et maintiennent un semblant d'ordre. Combien de fois ai-je cherché des yeux une sortie ou une cachette dans ma chambre en pleine nuit ? Comme si des balles allaient traverser les fenêtres ou les murs… Heureusement, le voisinage immédiat est sympathique, même si je n'ai pas vraiment cherché à entrer en contact avec quiconque. Mais j'ai appris un peu plus tard que j'étais appréciée pour ma discrétion et ma courtoisie. Courtoisie et non hypocrisie. Étrangement, je ne suis pas devenue raciste, je ne l'étais pas avant. Je me méfie furieusement de tout le monde, en revanche. Curieux mélange de ce que j'étais avant et de ce que je suis devenue. Tous les matins, il me faut me lever pour amener ma fille à l'école, vaincre mes phobies et tenter de lui faire mener une vie à peu près normale. Elle m'étonne par sa résilience et sa capacité à tout accepter. Les enfants sont merveilleux pour cela aussi. Ce n'est qu'avec elle que je parviens à rire et à m'activer un peu. En fait, je vis, du moins fais semblant de vivre, uniquement pour elle et grâce à elle.

Et puis, il faut composer avec l'effondrement généralisé. Les longues phases d'apathie. L'impossibilité de sortir alors que j'ai toute la journée devant moi, ma fille étant à l'école… Il me faut lutter chaque jour contre moi-même pour faire trois courses, traîner un peu en ville avec ma fille, ou tout simplement pour ne pas imaginer le pire à chaque fois qu'elle est à l'école. Cette situation d'hypervigilance est épuisante parce qu'elle vous mobilise mille fois par jour. À tel point que je privilégie la petite épicerie de quartier (côté quartier français quand même…). Chaque déplacement dans l'espace public me fait replonger et imaginer le pire. Je repousse chaque sortie au dernier moment et je m'y prépare comme on va au combat. Chaussures de sport pour courir plus vite, canif… Dérisoire stratégie de défense. Jusqu'à notre rupture et depuis l'attentat, c'était mon compagnon qui gérait les courses et les déplacements à l'extérieur. Je dois donc réapprendre à vivre seule avec ma fille. Redevenir une locomotive, mais sans chaudière ni réserve de charbon. Je vis donc au jour le jour avec tous les voyants au rouge. Un état traumatique qui s'accommode mal de l'environnement urbain. Cette vie dans la cité de Carcassonne a tout de même duré deux ans. Plus de sept cents jours ! C'est sans doute court à l'échelle d'une vie, mais c'est aussi interminable. À l'automne 2021, nous partons vivre dans un village dortoir tout près de Carcassonne, dans un HLM tout neuf… mais je ne m'y sens pas bien, pas à ma place, pas capable de nouer des liens véritables, bien que les voisins immédiats soient très aimables.

Traquée, je suis en état perpétuel d'alerte. Je ne me reconnais plus. La femme pleine d'assurance et optimiste que j'étais n'a pas survécu à cette prise d'otage. Les sommeils de mauvaise qualité et les peurs m'ont transformée. L'explosion de tout ce qui jusqu'ici construisait et cadrait ma vie a causé des dommages difficilement surmontables. Il ne se passe pas une journée sans que je refasse le scénario du 23 mars 2018. Et si j'avais osé bondir hors de l'accueil pour courir me cacher dans les rayons ? Et si je m'étais écroulée pour laisser le peloton d'intervention tirer ? Et si j'avais laissé les téléphones à l'intérieur de la pièce ? Et comment dire à un éventuel prochain expert ce que je ressens ? Comment pourrai-je justifier, dire, expliquer, me faire comprendre, etc. Mon état psychologique me handicape au quotidien. Avant chaque rendez-vous, je subis un stress totalement disproportionné, je suis confrontée à des pertes de mémoire, et j'ai souvent l'impression d'avoir perdu toute capacité d'organisation.

Je tombe de Charybde en Scylla inexorablement. J'attends la prochaine catastrophe qui s'abattra. J'ai l'impression d'être attachée sur des rails, avec les trains qui passent. Les antidépresseurs agissent mal et ne sont jamais bien dosés. On me dit que ça m'empêche de me sentir encore plus déprimée et que, sans cela, ce serait pire... Je me sens épuisée en permanence, jamais reposée. Je m'enfonce chaque jour davantage dans des sables mouvants. Le moindre mouvement pour en sortir entraîne un nouveau coup sur la tête qui m'enfonce davantage.

Victime : l'impossible parcours

« Avant de nous soigner, on nous a demandé une attestation de prise en charge. L'administratif d'abord. » Le témoignage d'une victime des attentats du Bataclan sur BFM traduit assez bien le malaise de la situation. En décembre 2022, des centaines de victimes n'ont pas encore été totalement indemnisées. Cette actualité documentée en dit long et en même temps pas assez sur la réalité de l'univers dans lequel on est plongé.

Avant d'aller plus avant. Il me faut expliquer la réalité de la prise en charge. Assez rapidement, nous sommes mis entre les mains du Fonds de garantie d'aide aux victimes.

Il est investi d'une mission d'intérêt général : indemniser, au nom de la solidarité nationale, les personnes victimes des actes de terrorisme et d'infractions de droit commun (agressions, notamment sexuelles, viols, violences conjugales, proxénétisme, traite des êtres humains, blessures involontaires). Il indemnise également les victimes d'accidents de la circulation causés par des conducteurs en défaut d'assurance. Il se compose de deux entités distinctes : le Fonds de garantie des assurances obligatoires de dommages (FGAO), créé en 1951, et le Fonds de garantie des victimes des actes de terrorisme et d'autres infractions (FGTI), celui qui nous intéresse, créé en 1986. « Ses trois cent cinquante collaborateurs sont mobilisés aux côtés des victimes afin de les aider à faire valoir leur droit à la réparation des atteintes à la personne, c'est-à-dire l'ensemble des préjudices économiques et non économiques (souffrances endurées, préjudice esthétique…) qu'elles ont subis du fait du drame », nous apprend leur site web.

Ils prennent ainsi en charge les personnes traumatisées et/ou blessées ainsi que leurs proches et les accompagnent dans le temps jusqu'à la stabilisation de leur état de santé.

La réponse, pour chacune, est personnalisée. Un recours contre les auteurs d'infractions ou d'accidents de la circulation est exercé. En 2022, le Fonds a pris en charge près de cent quinze mille victimes et a versé plus de six cent quatre-vingt-dix millions d'euros d'indemnités. Cela, c'est pour le grand public. Dans les faits, c'est un parcours du combattant.

Je suis dans une inarrêtable centrifugeuse, de celles qui durent pendant des années avec l'injonction de se reconstruire (pour montrer notre bonne foi) sans pour autant avoir l'air d'aller trop bien (si l'on espère être indemnisé pour les préjudices psychologiques subis). La bureaucratie a tellement bien travaillé que les victimes se doivent d'obéir à des critères très précis. On nous demande soit d'être au fond du gouffre, soit d'être guéries et donc de ne plus être un sujet. Il n'y a pas de place pour les tentatives de rémissions ou pour les accalmies, aucune place pour la nuance et les couleurs. C'est comme cela. Un cadre rigide alors que personne ne réagit de la même manière à une telle épreuve. Il faut rentrer dans des cases ou en sortir définitivement. Ce sont des montagnes de dossiers, de frais à avancer en espérant se faire rembourser. Être une victime, c'est, au fond, une injonction à rester dans un état suffisamment lamentable pour prétendre à une aide tout en donnant des gages de capacité à se réinsérer dans la société. En bref, on demande à une personne sujette à des vertiges paralysants de se reconvertir en funambule professionnel. « Noyez-vous, mais pas trop. » En même temps on désire aller mieux pour soulager son entourage et en même temps on se sait incapable de reprendre un métier et donc de se passer d'un soutien indispensable. Je ne jette la pierre à personne dans cette situation ubuesque.

Pour illustrer mon propos, voici un psychologue que j'ai vu pendant quatre ans. Au départ, ses honoraires étaient pris en charge par mon employeur pour suivre les salariés victimes de l'attentat. Au bout d'un moment, à la fin de la deuxième année peut-être, il me confesse ne plus être payé par l'entreprise et que cela fait plusieurs semaines qu'il me voit bénévolement. « C'est un peu ma participation civique à votre drame », me dit-il pudiquement. Je me retrouve donc contrainte de faire l'avance de ces frais. En effet, si on pense à demander les factures, si on ne les perd pas et qu'on les transmet au bon moment à son avocat, à la fin de la procédure d'indemnisation, on est remboursé… À cette époque, tant que je pouvais obtenir des acomptes du fonds de garantie, je pouvais faire ces avances de frais, mais depuis 2022, c'est devenu impossible !

Je ne détaille pas le montant des aides que j'ai touchées, parce que le montant pourrait paraître énorme, alors qu'il n'en est rien. Lissé sur plusieurs années chômées, cela permet tout juste de garder la tête hors de l'eau et d'affronter les frais engendrés par de multiples déplacements et le fait d'honorer les rendez-vous en lien avec l'affaire. Combien de psychologues, de responsables administratifs, psychiatres et avocats ai-je vus ? Certains bienveillants, d'autres indélicats. Dans cette tourmente, je me débats dans le brouillard : médicaments, injonctions, la confuse impression de voir tout le monde s'agiter pour mieux masquer une totale impuissance à agir. Je me rappelle notamment d'un psychiatre me disant :

« Mais, Madame, je ne suis pas formé pour gérer les situations post-attentats ! » Comme si la société se réveillait d'un long rêve et que rien ne l'avait préparée à vivre ces épreuves. Quel psy de ville est formé pour gérer des symptômes post-traumatiques dignes de scènes de guerre ? La République insiste pour montrer qu'elle est présente, mais qu'elle ne peut pas faire grand-chose.

Plus le temps passe, plus l'administration semble pressée d'en finir avec moi, avec nous. « Les galères sur tout, les expertises, un besoin de justification constant qui est très pénible à vivre. » Laura, présente au Bataclan, a parlé de « véritables séances d'inquisition, de jugements, d'interprétations douteuses » du Fonds de garantie des victimes des actes de terrorisme. François, présent au Comptoir Voltaire, a décrit le FGTI comme « inhumain ». Plus loin, dans un article du *Monde* :

> « Me Isabelle Teste, avocate de plusieurs parties civiles, a même consacré sa plaidoirie à la *"violence"* du parcours des victimes, notamment devant le fonds de

garantie : *"À la violence des faits s'ajoute vite la violence de leur parcours, de leur combat. C'est un véritable parcours du combattant, un combat rude, violent. Cette étape* [le FGTI] *est parfois cruelle pour les victimes."* »

Ces témoignages me sont précieux car ils démontrent que je ne suis pas seule et que tout n'est pas à mettre sur le compte de mon état. Après l'enfer terroriste, bienvenue dans l'enfer de la paperasse et des démarches impossibles. Si la secrétaire d'État en charge des victimes avait, en 2016, assuré de veiller « à la réactivité du FGTI » et se félicitait d'avoir « fixé des objectifs de réactivité, d'humanité, et de simplicité dans le traitement. Trouver les mots justes », visiblement les choses n'ont pas encore correctement évolué.

D'ailleurs, au-delà de mon cas, je m'aperçois aussi que les autres victimes de l'attentat de Trèbes n'en finissent pas de trinquer. Je pense à H., présente au Super U de Trèbes lors de l'attaque car faisant ses courses avec son mari, et qui m'a envoyé un long courrier cinq ans après. Elle est passée, comme moi, de la sidération à l'isolement, de l'isolement aux idées noires.

Elle aussi parle des instances qui « l'ont oubliée pendant cinq ans ». Elle se décrit comme « un pot brisé en mille morceaux et recollé tant bien que mal ». Ses souffrances, celles qu'endurent ses proches pour qui « on devient un cauchemar vivant », je les reconnais aussi comme miennes.

> « C'est toujours vivant. Lorsque l'on a vécu ce type de traumatisme, on y pense toujours. Le jour anniversaire, c'est encore plus sensible, mais on y pense tout le temps. On évite les mouvements de foule, on évite de se retrouver trop nombreux dans des situations extérieures. Il y a quand même un après. J'ai mis longtemps avant de rentrer dans un supermarché, je suis revenue au Super U à Trèbes un an après… pas avant. Quand je vais au supermarché, je regarde toujours s'il y a une sortie pas loin, même de secours… »

Ce témoignage de Denis, en mars 2021, ancien client du Super U le jour de l'attaque, rejoint un peu ce que j'ai vécu aussi. On peut voir ce que provoque une telle expérience alors même que ce client n'était pas aussi près de l'épicentre du séisme que moi.

Enfin, je ne peux m'empêcher de penser à G., l'époux de H., qui a passé sept mois à soutenir sa femme à bout de bras après l'attentat. Puis elle s'est relevée, et G. s'est effondré à son tour. Il souffre encore aujourd'hui d'une maladie très handicapante, et malgré un dossier médical extrêmement fourni et complet, les experts ont déclaré que, au vu du temps écoulé entre les faits et le déclenchement de sa maladie, celle-ci ne pouvait être en lien avec l'attentat…

Cinq ans de tâtonnements à chercher désespérément une solution miracle, un thérapeute, un chaman, un thaumaturge… Que sais-je encore ? Quelqu'un ou quelque chose qui nous aiderait à guérir, à recoller les morceaux, à cicatriser… Tous, nous prenons acte de l'abandon de l'État et des institutions qui se cantonnent au « *damage control* » et qui nous voient comme un dossier à clôturer plutôt qu'un esprit en souffrance.

Je me rappelle un reportage vantant l'accompagnement psychologique et administratif mis en place auprès de gagnants du Loto pour préserver leur anonymat, apprendre à se méfier des faux amis et assimiler les conséquences positives d'une telle chance. J'aurai tant apprécié d'être informée et accompagnée comme un gagnant du loto… Comment gérer le déferlement médiatique, de quels écueils faut-il se méfier, où trouver un soutien adapté en cas d'explosion de la cellule familiale, où trouver les psy spécialisés adaptés à notre état, etc. Mais je me sens comme le vainqueur d'un loto inversé. Avec ses inconvénients sans les avantages. J'ai même eu des amis qui ont voulu m'emprunter de l'argent en me disant qu'avec l'aide aux victimes, j'avais sûrement touché le pactole… Ou encore ce voisin me disant : « Ce gendarme n'aurait jamais dû prendre votre place. » Sans doute ne se rend-il pas compte de son propos, mais il m'expliquait tranquillement que j'aurais dû mourir…

Et elles sont légion, ces petites phrases qui blessent. Souvent dites sans penser à mal, elles vous rabaissent sans cesse. « Avec ce que vous avez vécu, vous devriez savoir que… » Ou encore : « Vous dites ça, mais… êtes-vous bien suivie par un psy ? » Il y a aussi le « sermonnage » en bonne et due forme. L'idée que vous vous affranchissez des règles en jouant sur votre statut d'ex-otage : « Ce n'est pas parce que vous avez été victime que vous pouvez vous permettre de… » Et puis ma préférée, celle qui définit en très peu de mots l'insondable profondeur de la médiocrité humaine : « Ce n'est pas parce que quelqu'un s'est sacrifié un jour pour vous, que moi je dois prendre un risque professionnel pour vous aider ! »

Et pour finir, l'habituelle rhétorique de ceux qui reprocheraient à un authentique dépressif de rester apathique : « Avec ce que vous avez vécu, vous devez être bien accompagnée, aidée, dédommagée, alors si vous n'y arrivez pas, c'est peut-être que ça vient de vous… » Cela peut paraître anodin. Mais c'est vécu comme une véritable agression et cela a tendance à vous faire perdre le peu de confiance qu'il vous reste.

Un autre aspect de mon statut impacte aussi ma relation avec la Justice. Dans tout le territoire, je suis la victime de Lakdim et je suis surtout une porte d'entrée médiatique pour de nombreuses personnes. Lors de mes recherches d'avocat pour m'assister dans la séparation d'avec mon compagnon, certains d'entre eux ont balayé d'un revers de main ma situation conjugale pour me demander si mon dossier terroriste avançait bien et si je voulais qu'ils y jettent un œil. Au fond, je suis à leurs yeux un véritable tremplin professionnel. J'y ai peu vu d'hommes de loi sincèrement motivés par l'unique préoccupation d'aider la justice. C'est humain, mais c'est toujours décevant. Dans mon cas, cela a sérieusement compliqué mon intention de solder les conflits.

Il faut savoir qu'il y a, dans les affaires de terrorisme, un fort enjeu financier pour les auxiliaires de justice. Un journaliste du *Monde*[1] rapporte que les indemnités versées par l'État, à travers l'aide juridictionnelle, aux avocats des accusés et des victimes de terrorisme (sans conditions de ressource) sont fonction du nombre de jours d'audience et de clients qu'ils représentent. Si bien que, lors du procès du

1. Cf. Henri Seckel, « Procès des attentats du 13-Novembre : le montant des frais d'avocat des parties civiles fait débat », *Le Monde*, 4 juin 2022.

Bataclan, quelques cabinets d'avocats ont eu des rentrées d'argent (public) considérables. Au total, cinquante millions d'euros en aide juridictionnelle.

Moi, quand je vois ces chiffres, je comprends mieux pourquoi j'attire tant les avocats. Pas besoin de faire du bon travail, il suffit d'être là, et, cerise sur le gâteau, les journalistes attendent à la porte pour vous prendre en photo auprès de vos clients, et vous permettent de faire une déclaration valant publicité nationale... Il y a dans tout ce système du bon et du mauvais. Ironie, un avocat m'a dit un jour : « Je pars justement en formation sur le traitement des dossiers de terrorisme : c'est l'avenir ! »

Et puis, je suppose qu'il faut regarder le contexte général avec un peu de hauteur. L'actualité est à ce point rythmée par les attentats terroristes, les épreuves et les peurs de toutes sortes, que les conséquences de tels agissements sont passées sous silence. La société ne pense pas vraiment aux victimes. Tout d'abord, nous avons été épargnés, c'est déjà pas mal et cela devrait presque nous inciter à ne pas nous plaindre. Nous avons la chance d'avoir survécu, contrairement à d'autres. La vie pour nous continue, c'est l'essentiel. Merci, au revoir.

Il faut me rendre à l'évidence. Je ne recevrai jamais de compensation financière pour les effets produits sur ma vie. Plus les années passent et plus je me rends compte que je n'entre pas dans les critères d'indemnisation : pas de blessure physique, pas de perte de salaire par rapport à la situation antérieure, pas de preuves que je pratiquais des activités avant l'attentat et que je ne peux plus pratiquer maintenant. Par exemple, le sport, on le pratiquait en famille : je n'ai pas de facture. La phobie sociale et, les souffrances à sortir de chez soi ne sont pas traçables sur un ticket de caisse. Les cauchemars éveillés, les angoisses, etc. ont été minimisés par l'expert psychiatre mandaté par le fonds de garantie. La société n'acceptera jamais de me soutenir jusqu'à la fin de ma vie, ni ne m'aidera à soutenir les études de ma fille. Pourtant quel effet a l'attentat sur mon espérance de vie ? Combien d'événements importants dans le développement de ma fille ai-je ratés du fait de mon état ? Quel pourcentage de la psyché de mon enfant est marqué par l'attentat et par l'état un peu étrange de sa mère ? Tout cela n'est financièrement pas quantifiable. Du moins, cela n'a pas été jugé digne de l'être.

Et toujours, cette lancinante impression, partagée comme je l'ai montré plus haut par d'innombrables victimes, que tout est fait pour nous déstabiliser. Je ne comprends pas bien ce qui s'est passé au cours des deux expertises psychiatriques que j'ai subies. J'ai appris beaucoup trop tard que ni mon avocat, ni le contre-expert psychiatre n'avaient protégé mes intérêts.

L'avocat peut intervenir pour contester une expertise psychiatrique au moment de la réception du rapport d'expertise provisoire. Il dispose d'un mois seulement pour le contester. Ensuite le rapport devient définitif, et il scelle le destin de votre indemnisation par le fonds de garantie.

L'avocat qui me représentait lors de la première expertise (2019) m'a dit qu'il n'y avait rien à préparer, rien à savoir de particulier avant d'y aller. À la réception du rapport provisoire, il n'a rien dit, rien fait pour me défendre, ou en tout cas plaider ma cause afin de consolider mon dossier. Je m'en suis donc séparé. L'avocat qui me représentait lors de la seconde et dernière expertise (2021) n'a tout simplement pas répondu à mes mails le pressant d'analyser le pré-rapport et d'y répondre.

Le déroulement des expertises aussi me conduit à m'interroger.

Il y a des choses à savoir avant de se rendre à une expertise. Apparemment, personne ne sait vous les expliquer. Il y a une logique très spéciale appliquée lors des expertises. On doit rester honnête, mais on doit également savoir présenter les choses pour éviter que l'expert n'utilise vos dires pour dépeindre un tableau défavorable. Ma naïveté et mon impréparation m'ont été très préjudiciables. Pour illustrer mon propos, je peux citer la conviction d'un avocat présent au procès du Bataclan, avec qui j'ai eu quelques conversations. Cet avocat m'a confié que, lors des témoignages des victimes, un torrent de douleurs, de récits d'injustices et de prises en charge inadaptées les avaient choqués, que les avocats étaient majoritairement d'accord pour dire que le fonds de Garantie était fait pour ne pas indemniser les victimes, qu'une réforme était nécessaire, un avis soutenu par de nombreux magistrats, effarés par les violences morales subies par les victimes.

Pour revenir brièvement à ma dernière expertise demandée par le fonds de garantie en février 2021, on y a atteint le paroxysme de l'horreur. De ma vie, je ne me rappelle pas avoir autant pleuré. Il m'a patiemment, savamment enfoncée pendant toute la durée de l'expertise (plusieurs heures). Et j'étais seule. Le contre-expert censé m'assister et apporter un autre éclairage sur mon état m'ayant posé un lapin, il n'est tout simplement pas venu ! En sortant, j'ai pleuré encore deux heures dans ma voiture sans pouvoir démarrer. C'était un enchaînement de questions provocantes doublées de condescendance limite narquoise : « Eh, bé ! Vous souffrez là où vous habitez ?! Mais pourquoi vous n'avez pas quitté le département !? » Et tout à l'avenant. Un massacre. Et que voulait-il me faire comprendre lorsqu'il m'a dit avec un air entendu : « Mais, vous savez, je connais bien votre contre-expert psychiatre, je le connais très bien. »

Cet expert mandaté par le FGTI a fait son travail. Il a démontré que j'étais déjà abîmée avant Trèbes, que l'éclatement de ma vie antérieure et ses conséquences n'avaient rien à voir avec l'attentat, et que je ne valais pas grand-chose. Que je théâtralisais. Que j'étais « histrionique ». Que je pourrais retravailler *a minima* à mi-temps. Le fonds de garantie en a conclu que je n'avais plus droit à grand-chose, peut-être la moitié des acomptes déjà reçus et dépensés les quatre premières années. En tout cas, ces maigres compensations, c'est ce que vaut la confrontation avec un assassin menaçant de vous égorger. C'est ce que rapporte le sordide défilement d'une vie devant des yeux, sur mon lieu de travail. La violence est intraduisible. On me traitait comme une voleuse démasquée. J'ai appris que des fausses victimes avaient escroqué l'État en demandant des réparations alors qu'elles n'étaient pas présentes lors des faits. J'ai l'impression d'avoir été traitée comme elles. J'ai passé de longues minutes avec un flingue sur la tempe et un couteau dans les côtes. Que faut-il que je fasse pour prouver que je vais mal et que je ne suis pas capable de retourner à la vie sociale et professionnelle comme avant ?

Je le vois, je le sens. En ce milieu d'année 2021, quelque chose s'est brisé en moi. Nous sommes en juin et je suis arrivée au bout du processus. Avec mes ultimes forces, j'ai essayé de mener à bien un nouveau projet de vie autour d'une petite école alternative dans un village pyrénéen. L'ultime tentative de fuite. La dernière chance d'oublier, de s'arracher à cet environnement qui pue la mort et le désespoir. Un ultime *reboot* avant le grillage généralisé. Et le couperet tombe : l'école ne peut accueillir ma fille et je dois annuler mes projets. La coupe est pleine. Un soir du mois de juin, je farfouille dans mon immense dossier pour trouver un vieux courrier de l'aide aux victimes, à la recherche de réponses sur le « pourquoi on nous aide si peu dans le processus d'indemnisation »…

Ma main ressort avec une poignée de lettres. C'étaient celles que j'avais reçues au lendemain de l'attentat. Certaines venaient de familles de victimes du terrorisme, d'autres de simples anonymes. Je les avais parcourues très rapidement dans les jours suivant l'attentat, mais on ne prend pas garde à ces lettres souvent simples et belles. C'est d'ailleurs incroyable de voir que, parfois à des milliers de kilomètres de vous, des personnes se prennent d'empathie pour vous et ce que vous avez vécu. Comme un élan du cœur et de l'esprit qui vous touche. Je veux profiter de ce livre pour les remercier pour leur attention. Je n'y ai pas répondu et j'ai surtout mis plusieurs années avant de les lire vraiment, mais elles m'ont fait beaucoup de bien et je les remercie très chaleureusement.

L'une d'elles provenait d'un certain chanoine de l'abbaye de Lagrasse à vingt minutes en voiture de Carcassonne. Je ne sais toujours pas ce qui m'a décidée, le lendemain matin, à mettre ma fille dans ma voiture et à pousser les portes de cette abbaye. C'était cela ou mourir vraiment. J'ignore alors que je franchis les portes d'une autre vie. Je termine ma longue chute et j'entame la phase de ma lente remontée des abîmes.

L’éveil à une nouvelle vie

Dieu, cet être si lointain

Depuis toute petite, j'ai baigné dans un environnement incroyant. Pas nécessairement hostile à la religion, mais c'était un univers qui ne nous parlait pas. Mes parents étaient tous les deux baptisés, mais n'ont jamais cherché à nous transmettre cette part de leur héritage. À quoi bon transmettre ce en quoi on ne croit pas ? J'ai donc grandi non dans la défiance de Dieu, mais plutôt dans sa méconnaissance. Pas en opposition, mais à côté. Les cathos ne m'ont jamais fait envie et j'avais du mal à passer outre le côté naïf et béni-oui-oui qu'ils dégageaient à mes yeux. Ainsi, je me suis toujours battue seule. J'appartiens à cette catégorie de personnes qui, lorsqu'elles échouent, se disent qu'elles auraient dû ramer plus fort. Je l'écris au cas où des lecteurs catholiques l'ignorent : il est très aisé de naître et grandir en France sans connaître Dieu.

J'ai passé mon enfance dans le Tarn-et-Garonne, près de Montauban. En outre, dans une région particulièrement déchristianisée. Non loin de là, l'Aude est par nature un territoire rouge, « radsoc » comme on dit, qui n'a jamais vraiment été ré-évangélisé après la Révolution française. La France a plus de la moitié de sa population qui se revendique sans religion, et moins de 30 % de catholiques. Un chiffre qui ne fait que baisser. Une enquête de l'IFOP en 2022 révèle de son côté que 80 % des adultes interrogés disent avoir été baptisés dans la religion catholique (59 % de baptisés chez les 18-24 contre 88 % chez les 65 ans et plus). C'est mathématique, on a plus d'une chance sur deux de naître dans une famille sans religion, moins d'une chance sur trois de naître dans une famille catholique dont seulement un peu moins de 7 % sont pratiquants. Lorsque j'ai grandi, les patronages, les processions, les curés désertaient les villages et les zones rurales. La piété populaire, au sens de visible, avait disparu depuis longtemps. Non seulement on n'allait pas à la messe, mais cette dernière a aussi déserté l'église pour aller de plus en plus loin, dans le village d'à-côté, puis le chef-lieu, puis la sous-préfecture… Aller à la messe dans ces zones « hyper-rurales », pour reprendre l'expression ironiquement consacrée, représente des dizaines de kilomètres en voiture.

Et puis, il fallait voir les cathos… Pour moi qui observais cela de loin, ils s'apparentaient à des espèces de hippies à guitare habillés comme des comptables et semblaient habités d'une joie factice s'apparentant à une confondante naïveté apprêtée. Et encore, quand on avait la chance de croiser des jeunes. Dans ma campagne, il n'y en avait quasiment jamais. C'étaient essentiellement des personnes d'un certain âge, austères, ou quelques rares familles en vue semblant être là pour se montrer. Je suis navrée si mes mots blessent, mais il faut bien comprendre l'éloignement qui était le mien.

À l'inverse des Don Camillo, ces films qui, certes, montraient une progression de l'athéisme en Europe, mais également du fait que ces mêmes athées avaient une culture religieuse basique, on peut grandir et ne pas connaître la signification d'un signe de croix. Cette absence de spiritualité ne manque pas, à vrai dire. Elle n'empêche pas de vivre, ni de se comporter avec dignité, ni de faire le bien ou d'espérer. En revanche, la foi, seul bien qui demeure lorsque vous perdez tout, peut manquer lorsque justement vous vous retrouvez comme Job. Ce dernier avait en effet le privilège d'être aimé de Dieu et de le savoir, même si tous les malheurs du monde lui tombaient dessus. L'attentat m'avait tout enlevé et les édifices de ma vie tombaient les uns après les autres.

Quelques semaines après l'attentat, j'ai lu, comme beaucoup, l'ouvrage de Boris Cyrulnik traitant de la résilience. Dans ce livre, un passage m'avait interpellée : le docteur expliquait que les gens ayant la foi, du moins étant ouverts à une quelconque spiritualité, se remettaient plus facilement, sans pour autant l'expliquer, des épreuves de la vie aussi terribles fussent-elles. Sans m'interroger sur ma foi, cela m'avait en tout cas interpellée. Je me suis dit vaguement que ces gens avaient bien de la chance et que j'étais preneuse de la recette… Mais ce n'était pas allé plus loin.

Et puis, il y a eu une traînée de petits cailloux blancs… Comme cet ami me disant simplement au détour d'une conversation : « Prie Julie. Ça marche ! » D'abord surprise de la conversion récente de cet ami que j'estimais beaucoup, j'ai gardé son conseil dans un coin de ma mémoire. Ou alors l'institutrice de ma fille qui m'a glissé à la fin de l'année scolaire une médaille miraculeuse de la rue du Bac. Sans rien dire de particulier. Comme si les mots étaient peu de chose à côté de ce petit bijou de fer-blanc. Cela coïncide avec une époque où je suivais beaucoup de conférences sur Internet. Des philosophes, des économistes, des physiciens… J'entends beaucoup parler de déclin des valeurs chrétiennes, de la décadence de notre civilisation. Des analyses concluant que l'on ne pourra enrayer le déclin de notre civilisation que par un retour aux valeurs chrétiennes, à la spiritualité, et même à la foi. Tout cela m'interpelle, me heurte et en même temps me parle. J'entends des réponses que je n'ai jamais eues auparavant. J'en apprends davantage sur le christianisme et la multiplication des attaques que subit l'Église catholique depuis des siècles. Cette grille de lecture vient bousculer mon a priori négatif des cathos que j'avais jusqu'à présent… S'ils sont aussi naïfs et inoffensifs, pourquoi ont-ils autant d'ennemis ?

Je me rappelle l'attentat de Saint-Étienne-du-Rouvray et l'assassinat de ce prêtre, Jacques Hamel. Cet autre attentat manqué à Villejuif… Je vois aussi les mots des terroristes de L'État islamiste qui nous appelle « les croisés ». Toute cette haine qui se déverse contre des gens bienveillants, sinon inoffensifs. Or, si tout cela m'attire, je ne peux aller outre ma répugnance contre, notamment, l'institution. Je me méfie toujours de la partie humaine, faillible, des œuvres quelles qu'elles soient. Surtout, je n'aime pas le piédestal sur lequel les croyants mettent leurs prédicateurs. L'expérience vécue à Trèbes en est un bon exemple. Se multiplient les fous de Dieu qui remplissent la tête vide de jeunes paumés d'idées faciles et d'absconses promesses de paradis en échange d'un carnage. Mais je sens qu'il y a autre chose. Que ce Dieu auquel croyait Arnaud Beltrame n'est pas celui dont j'ai vaguement entendu parler. Qu'il n'est pas non plus celui au nom duquel on commet des crimes.

Au fond, je suis passée outre mes préjugés pour en découvrir davantage. Et cela me travaille. Ma vie est en lambeaux, je n'y arrive plus. Je cherche un socle solide sur lequel me relever.

Il me faut être honnête, si l'attentat a tout fait exploser, il a aussi mis à nu des faiblesses, des erreurs, des blessures qui ne demandaient qu'à s'ouvrir ou à saper les fondations de mon édifice. Je regarde mon passé avec le maximum de hauteur qu'il m'est permis d'avoir et je me rends compte que, sans doute, il me manquait quelque chose. Contre moi, la médaille miraculeuse de la rue du Bac me le rappelle sans cesse. C'est sans doute psychologique, cela tient certainement de la superstition ou du placebo psychique, mais j'ai au fond de moi l'impression que tout va mieux depuis que je la porte. Ce petit bijou en fer-blanc né d'une apparition mariale dans une petite chapelle parisienne… Cette Vierge apparue à Catherine Labouré qui lui parle des grâces « que l'on oublie de lui demander » … Sans doute fais-je partie de ceux-là. Je ne la prie pas. Je ne sais pas encore ce que tout cela veut dire, mais je sais à présent que mes appels de détresse étaient entendus. Par détails, sans que cela ne soit jamais spectaculaire, je sens que des difficultés s'estompent et que les obstacles s'aplanissent. Comme des petits cailloux blancs sur un chemin, peu visibles mais présents. Sans opérer une conversion radicale, ils se rajoutent à mes questionnements et attirent mon attention. Comme un léger grincement de porte qui s'entrouvre.

La porte ouverte par Arnaud Beltrame

Jusqu'à l'attentat, la religion était absente de ma vie. Le jour de l'attentat, un gamin radicalisé se réclamant de Dieu a tué quatre innocents et aurait pu en abattre davantage. Le même jour, j'ai vu un homme, dont l'existence était tournée vers la quête de Dieu, s'interposer entre l'assassin et moi. L'ange et le démon s'affrontant, ma vie entre les deux. Je me rappelle très bien l'attaque d'Annecy. De ce terroriste qu'on présente comme un chrétien et qui a poignardé des bébés dans leur poussette au nom du Christ. Je me souviens aussi de l'intervention de ce jeune pèlerin catholique, Henri. Le même affrontement environné d'innocents.

Le même témoignage qu'il existe un Dieu d'amour face à ce dieu de haine. Un Dieu au service de la vie pour s'opposer aux djihadistes qui « aiment la mort comme nous aimons la vie », pour reprendre la terrible citation de l'assassin Mohammed Merah.

Je parlais de caillou blanc dans le chapitre précédent, il me faut maintenant en évoquer un autre qui a été davantage un rocher. Ce caillou fait partie des voix et des personnes qui m'auront conduite à l'abbaye : je veux parler de Marielle Beltrame.

Marielle Beltrame m'a écrit une lettre quelques semaines après l'attentat. J'apprendrai plus tard que tout dans les échanges entre Marielle et Arnaud, dans ce qui a été révélé par elle et par le chanoine qui les préparait au mariage, témoigne d'un amour profond, vrai et enraciné. En avril 2018, la magnifique lettre de Marielle a hélas fini comme d'autres : reléguée dans un coin de mon agenda, « à traiter ». Le brouillard qui m'enveloppait alors m'empêchait d'accueillir pleinement ses mots. Je craignais à l'époque d'être la femme qu'elle détestait le plus au monde… En fouillant dans ma mémoire, je me rappelle des dizaines de tentatives de lui répondre, sans y parvenir. Je ne savais pas par quoi commencer ni, au fond, ce que je retenais d'elle, de son mari, de son geste, de ce que tout cela impliquait. Arnaud a tissé un lien de sang entre nous. Sang de la douleur mais aussi de l'amour et de la reconnaissance. C'est très particulier et délicat à raconter ou à essayer de décrire. Il s'est donné librement à elle et s'est offert librement au criminel pour me sauver. Si Marielle a choisi Arnaud, je n'ai pas choisi de me trouver là. Entre Radouane Lakdim et lui. Je ne vais pas jusqu'à dire que j'éprouvais un sentiment de culpabilité, mais je comprenais qu'elle veuille me haïr même involontairement. Toutes ces idées, je ne parvenais pas à les ordonner et à les écrire. Ce sont des sentiments tellement complexes qu'on a l'impression de les voir changer d'un jour à l'autre.

Et puis, j'ai eu le courage de lui écrire un an plus tard, en commençant par m'excuser d'avoir tant tardé à lui répondre. « Je ne culpabilise pas sur la mort de votre époux. Il était trop professionnel pour me donner ce sentiment », lui ai-je écrit alors. Nous nous sommes rencontrées en mai 2019, un peu plus d'un an après l'attentat. Nous avons marché ensemble plusieurs dizaines de minutes le long du canal du Midi, sous les arbres. Elle m'en a raconté davantage sur Arnaud, sur ce qui l'animait. C'est en parlant avec ce modèle de douceur et de courage qu'est Marielle Beltrame, comme trois ans plus tard en écoutant une conférence sur Arnaud Beltrame, que j'ai compris tout ce qu'était Arnaud, tel que je l'ai vu et deviné le jour de l'attentat à Trèbes. Ou plutôt que rien de ce que j'ai pu entendre ou lire sur lui par la suite ne m'a étonné. Arnaud était imprégné du devoir de protéger la vie. Il faut faire ce qu'il faut pour sauver une vie, *a fortiori* la vie d'un civil. Il a agi avec pragmatisme dans l'urgence. Cela me fait penser à mon père. Ce petit bonhomme pas costaud pour un sou, mais faisant preuve d'une grande intelligence dans l'action. Arnaud et lui n'étaient pas si différents dans leur approche. Le médecin est une somme de compétences et de connaissances et s'engage à tout mettre au service de la vie d'une personne. Si un soin ou une décision sort de la norme ou du cadre précis, il se doit d'agir en son âme et conscience, peut-être parfois à rebours de ce qu'on lui a enseigné. Arnaud a raisonné de la même manière.

Ce pragmatisme, Arnaud l'a eu. Sans que s'y corrèle de l'*ego* ou une espèce d'immature soif d'héroïsme. Si tel était le cas, son intervention aurait sonné faux, l'intonation n'aurait pas été bonne, le geste imprécis… Arnaud ne voulait pas mourir. Il ne voulait pas, comme l'autre, partir en martyr. Il a simplement éprouvé la fine pellicule entre le risque et le devoir. Une évanescente frontière qu'il a franchie sans hésitation.

Ma rencontre avec son épouse en 2019 m'a donc fait faire un grand pas, en confirmant mes ressentis sur l'intelligence et le sens du devoir de cet officier de Gendarmerie. En 2021 et 2022, j'en apprendrai encore davantage.

Arnaud est un peu le chevalier errant de Chrétien de Troyes. Les ouvrages et les témoignages qui foisonnent sur lui me font cet effet-là. Un chevalier épris d'amour courtois et sans cesse en quête du Graal, du moins de tout ce qui peut le transcender. À la fois farouchement incarné dans sa vie et dans son humanité, il semble tout mettre en œuvre pour dépasser sa nature et sublimer chacun de ses actes. Ses relations conflictuelles avec son père qu'il a réussi patiemment à aplanir, ses liaisons dangereuses, même lointaines, avec la franc-maçonnerie, sa relation avec Marielle… Tout dans Arnaud rend témoignage de sa liberté employée dans une quête d'absolu. Un guide et un ange gardien apte à vous sortir des chemins de traverse ! Il y a, dans sa vie et son parcours, de curieux liens de similitude avec Charles de Foucauld, ce religieux prêchant dans le désert marocain après une carrière d'officier penchant dans tous les excès. Ce guerrier devenu ermite et qui n'a jamais eu de cesse de rendre témoignage de sa foi et de vivre par l'exemple donné. Charles de Foucauld n'aura pourtant converti personne de son vivant. Mais sa mort provoquera la conversion tardive de celui qui l'avait dénoncé. Il y a un peu de cela avec Arnaud. C'est son intervention qui m'a permis de vivre, c'est le chemin qu'il s'est tracé qui va m'envoyer à l'abbaye trois ans plus tard. C'est sa foi qui va m'amener à trouver Dieu. Il a été l'ultime caillou blanc posé sur mon chemin. Si cet homme d'exception, avec toute son intelligence et ses qualités humaines croyait en Dieu, alors il faut que j'aille voir…

L'entrée dans Lagrasse

En ce mois de juin 2021, vidée et à bout, je retombe donc sur la lettre écrite par un père de l'abbaye de Lagrasse, qu'il m'a envoyée quelques semaines après l'attentat. Il l'avait donnée aux gendarmes de Carcassonne, les priant de me la remettre. C'est ce qu'ils ont fait. Je la relis donc plus de trois ans après. Je dois dire qu'il n'y a rien d'extraordinaire dedans. Je pense que beaucoup s'imaginent que Dieu m'a parlé ce jour-là, mais en réalité pas du tout. Le chanoine me raconte simplement qu'il a bien connu Arnaud et Marielle Beltrame, qu'il les préparait au mariage et que, si je le souhaitais, il pouvait m'aider en me présentant des avocats. Pas d'admonestation ou de grand discours mystique. Pas de prêche ni de parole évanescente ou métaphysique. Une lettre concrète et un appui incarné. Le lendemain, je prends ma fille et je parcours les quelques dizaines de kilomètres qui séparent Carcassonne de Lagrasse. Ceux qui ont déjà pris cette route la visualisent sans doute parfaitement. On quitte l'Aude et ses plaines crayeuses pour les ravins escarpés d'un paysage beaucoup plus provençal. On quitte un peu le pays d'Oc rouge pour des paysages dans lesquels on croirait apercevoir le petit Marcel Pagnol au détour d'une colline, brandissant fièrement les bartavelles. À l'image du personnage de *La Gloire de mon père*, moi aussi je traque l'introuvable et cherche à toucher l'inatteignable. À la simple différence que je suis le gibier épuisé par une longue traque tentant de semer les chasseurs à mes trousses. En parcourant cette route, je m'arrache à ma vie. Je brise le cadre qui m'enserre, défait le nœud coulant qui me maintient. Je ne sais rien de l'endroit qui m'attire. Je suis bien incapable de faire une différence fondamentale entre un prêtre, un curé, un vicaire, un chanoine… Je sais simplement que ce religieux a connu

Arnaud Beltrame et que, peut-être au fond de moi, l'inextinguible soif de réponse a senti la potentielle proximité d'une source.

J'arrive avec ma fille à l'hôtellerie. J'ai une tête à faire peur et, je l'imagine, un regard complètement perdu. Je m'approche du père qui tient la boutique et j'essaye à voix basse de lui expliquer la raison de ma présence. Il ne comprend pas un mot de ce que je lui raconte et a l'air de se demander ce que cette demi-folle lui veut. Et puis, avec quelques mots-clefs tels que Beltrame, attentat, Julie-otage, chanoine ami d'Arnaud… il comprend et me dit que le père est en rendez-vous, mais qu'il va le prévenir. Quelques minutes plus tard, je vois un chanoine tout de blanc vêtu, le cheveu noir et court, qui traverse à grandes enjambées la boutique et se plante devant moi. « Suivez-moi », murmure-t-il avec un grand sourire. À peine arrivées, il me regarde toujours souriant, ne cachant pas un certain étonnement : « Mais alors, c'est bien vous ? Vous êtes là ? Vous êtes venue ? », comme s'il n'en revenait pas plusieurs années après.

Notre entretien a duré plusieurs dizaines de minutes. J'ai tant de questions et je cherche de l'aide. Il me faut un nouvel avocat, des solutions à mes problèmes de logement, tout, rien, je suis perdue. Je m'aperçois que le père a beaucoup de questions sur Arnaud, que mon témoignage lui est d'un grand secours. Il lui permet d'en apprendre davantage sur les derniers instants de son fils spirituel, de ce combattant qui n'a jamais pu terminer sa longue préparation au mariage. Déjà dans les questions du père, je m'aperçois qu'Arnaud n'est pas qu'un simple paroissien, qu'il est porteur d'un message beaucoup plus grand que lui, d'une espérance nouvelle. Je comprends qu'il manque des pièces dans les derniers instants de sa vie terrestre. Mais, au-delà de cela, je vois la profonde bonté d'un père qui n'a pas oublié sa prime mission. Avant d'être un témoin vivant du parcours et du symbole d'Arnaud Beltrame, ce père est un prêtre affilié à un ordre de chanoines incarnés dans leur vallée. Il me touche, du moins je me laisse toucher par les promesses que dégage un tel lieu. À l'issue de cette entrevue, le père insiste pour que nous prenions une photo avec ma fille, lui et moi. Je suis méconnaissable sur la photo. Marquée, les yeux affolés et le sourire grimaçant, je porte la fragilité et l'épuisement psychique sur mon visage.

Cinq jours après cette rencontre, j'assiste pour la première fois à la messe dans l'abbaye. Intelligemment, les chanoines me mettent entre les mains d'une fidèle qui se colle à côté de moi avec son missel et m'explique le déroulé de la messe. Pour la première fois, je suis sensible au calme d'une église, à l'énergie que celle-ci dégage. Je ne peux m'empêcher de penser à Arnaud qui, comme moi, a foulé les dalles de ce lieu, a tourné les yeux vers la lumière des vitraux, a senti l'odeur apaisante et solennelle de l'encens. J'ai le sentiment de lui prêter mes yeux, mes oreilles et mon nez. Pour qu'il continue de voir, d'entendre et de sentir ce qui se déroule en ces lieux. J'ai aussi beaucoup pensé à Marielle. Retourne-t-elle à cette messe sans Arnaud ? Parvient-elle à surmonter l'épreuve ? Cette messe, j'y retournerai pendant un an aussi souvent que possible, tous les dimanches et parfois davantage. Je n'en ai pas le souvenir, mais il paraît que je pleure à chaque fois. Sans doute est-ce la paix extérieure des lieux qui commence à agir à l'intérieur. L'écho d'une promesse qui s'est fait attendre. Mais n'anticipons pas et n'enjolivons pas trop. Ce serait beaucoup trop simpliste.

Lagrasse vous prend et ne vous rend pas. Cette petite abbaye nichée au fond d'un ravin, au cœur d'une petite ville, raconte beaucoup de l'histoire de France. Fondée avant Charlemagne, elle a traversé toutes les affres de l'histoire jusqu'à la Révolution française qui chassa les religieux de l'abbaye. Cette fameuse Révolution qui fit tant de mal au catholicisme dans une région par nature rétive. Fief des révoltes cathares puis protestante, ce sud-là a toujours éprouvé de la défiance vis-à-vis de l'Église catholique. Je suppose que cela a déteint sur moi. Jamais, en revanche, l'Église n'a pu rattraper le mal causé par la déchristianisation révolutionnaire dans la région. Après 1792, deux ordres se sont succédé dans les murs jusqu'à l'arrivée de ces chanoines en 2004. L'installation de la communauté religieuse a provoqué de sacrés remous dans le village et les chanoines se sont heurtés et se heurtent encore parfois à l'hostilité de certains habitants à l'anticléricalisme acharné. Pour autant, ils vivent dans la ville. Non du monde, mais dans le monde. Ils essaiment et rayonnent dans toute la région et, chaque année, des centaines de familles et de couples traversent les quatre coins de la France pour bénéficier de l'enseignement de ces prêcheurs nés. Autour d'eux se rassemblent quelques dizaines de paroissiens fidèles et locaux, quelques familles avec enfants, des personnes âgées, des célibataires… Une véritable communauté. C'est sans doute aussi pour cela que je n'en ai jamais entendu parler avant de les découvrir par Arnaud Beltrame. Il faut les chercher pour les trouver. Hors de la communauté catho, où ils semblent jouir d'une excellente réputation, on peut passer sa vie entière à Carcassonne ou à Narbonne sans jamais en entendre parler.

De fait, elle m'a happée et ne m'a jamais lâchée. J'ai commencé à fréquenter un petit groupe de paroissiens avec lesquels on organise des dîners, des échanges, des temps de prière… Je redécouvre, après une période d'adaptation de six mois, la joie de refaire partie d'un groupe, d'une communauté. Avec laquelle on peut échanger, se confier, rendre service, demander de l'aide. Tout cet indispensable tissu social qui se défait en France et qui continue de croître à l'ombre des abbayes. Comme si, au fond, les monastères retrouvaient le sens originel de leur rôle au moment du Moyen Âge : demeurer des lieux de vie et de rayonnement d'abord dans leur environnement direct. Je me laisse guider pas à pas, et je sens le poids de mon fardeau s'alléger. Quand on arrive de très loin comme moi, sans culture « catho », s'entourer d'une communauté bienveillante et de prêtres sachant répondre à vos questions naïves et votre inculture est un soutien indispensable. Comment prier ? Que signifie ce passage de la Bible ? Qui était ce saint ?

Ensuite, engagée dans le catéchuménat pour préparer le baptême, je continue mon cheminement. À vrai dire, je suis surprise de constater, pas à pas, que les techniques modernes – le « lâcher prise », « vibrer haut », « observer son passé et s'en libérer », « pratiquer un moment de gratitude chaque jour », etc. – sont toutes à la recherche de comportements et pensées qui étaient déjà présents dans le catholicisme. La modernité n'a finalement rien inventé. La prière est nécessairement une vibration positive et pleine d'amour, la confession vous libère, les prières de délivrance vous protègent, la gratitude est un préalable, etc.

Que le lecteur ne se méprenne pas : si l'on s'attend à une histoire « *feel-good* » simpliste, on s'est bel et bien trompé de livre. Car je ne fais pas partie de ces miraculés qui se sont subitement retrouvés guéris avec l'arrivée de la foi. Ce serait trop simple, trop évident. Liberticide presque. Je fréquentais l'Église depuis plusieurs mois déjà, mais le poids de ma vie continuait de peser. Les batailles avec mon ex-compagnon s'intensifient, le Fonds d'aide aux victimes a cessé de m'aider justement, financièrement je ne fais que survivre et il m'est encore impossible de penser sereinement à l'avenir. Chaque jour, le trajet menant à l'église est de plus en plus long, de plus en plus pesant. Les démons qui m'anesthésient sont de plus en plus coriaces et je sens qu'irrémédiablement je replonge. Depuis l'attentat, j'ai le sentiment d'avoir été embarquée par une avalanche interminable. L'arrivée à l'abbaye aura été le moment où je suis parvenue à sortir la tête des trombes de neige quelques instants. Mais irrémédiablement, et malgré mes efforts, je sens mon corps se renfoncer. Mon esprit de battante s'acharne à ramer de plus en plus fort contre un vent chaque jour plus puissant. Pour autant, en cette fin d'année 2021, je sens l'épuisement me guetter. L'entrée progressive dans la foi ne parvient plus à répondre à toutes mes angoisses. Je ne vais pas bien, mais je vais mal moins vite. Dans mon cas, il n'y a pas eu de miracle radical, pas de guérison aussi spectaculaire que subite. Dans mon cas, les épreuves continuent de pleuvoir et je commence à penser que rien ne m'en sortira, du moins pas sans douleur ni lenteur. Pas même ce Dieu qui se laisse, lui aussi, découvrir petit à petit.

Il y eut un soir. Mais il y eut aussi un matin. Au début de l'année 2022, je suis épuisée. Un juge a enfin tranché entre mon ex-compagnon et moi et un système sain de garde s'est mis en place. Cela apaise grandement les relations entre nous. Mais tout cela a laissé des traces. J'ai quarante-cinq ans, j'ai réchappé à la mort grâce au sacrifice d'un colonel de Gendarmerie, mais ma vie est en miettes depuis mars 2018. Je ne sais que faire ni que devenir. La présence de ma fille est toujours la principale raison d'affronter le lendemain, mais je suis fatiguée d'être au jour le jour, à me cramponner à chaque rampe, à prendre appui sur chaque rocher. Comme un randonneur perdu dans les immensités enneigées, je lutte contre la fausse impression de douceur que dégage la congère dans laquelle mon corps engourdi me demande de m'allonger. Tout cela infuse et explose un matin après la messe. Je prie comme je n'ai jamais prié auparavant. Je convoque Arnaud, mais aussi mon père, mes ancêtres… Seule dans ma petite barque. Je dépose armes et rames. Je dis à Dieu que je n'en peux plus de me démener seule. Et puisque mes efforts sont vains, je dépose tout à ses pieds. Je n'arrive plus à ramer ? Qu'il s'y mette aussi ! Qu'il m'aide, me guide, m'indique des solutions. Et je ne saurais dire comment ni pourquoi, du moins je ne saurais l'expliquer rationnellement, mais cet acte d'abandon, cette démarche d'abdication, a été le début d'une singulière remontée de pente. On vit dans une société qui nous adjure de marcher sans nous arrêter, de ne pas ralentir et de s'en sortir au nom d'un saint mérite inatteignable. Dieu nous demande de nous poser et de tout lui confier. Comme une réponse à la frénésie contemporaine : j'ai levé les yeux penchés vers la terre pour regarder vers le Ciel.

C'est peut-être aussi ce jour-là qui m'a vue véritablement marcher sur les pas d'Arnaud Beltrame.

Un mariage et un baptême

Nous sommes en mars 2022. Je me rends à Pau pour écouter une conférence sur Arnaud. Je garde un souvenir très fort de ce moment. Tout d'abord parce que le charisme du conférencier sait tenir une salle en haleine et que son talent de rhéteur n'est plus à prouver, mais aussi parce qu'elle éclaire toute la dimension chrétienne d'Arnaud et de son couple, les tréfonds de ses aspirations. En sortant, je discute à visage découvert longuement, avec plusieurs personnes inconnues, bienveillantes, intéressées. Je discute aussi avec un ancien combattant. Un officier à la retraite à qui je confie mes doutes et mes impressions sur la prise d'otage de Trèbes. Il est d'une bienveillance incroyable et cette conversation m'apaise beaucoup.

D'autant que, pour la première fois depuis plus de trois ans, je ne suis plus seule : André[1] est avec moi. Il me tient la main et me réconforte. Il est mon roc et l'épaule qui me soutient, le bras qui ne me lâche pas. Je l'ai déjà écrit, mais à l'abbaye comme dans la nouvelle paroisse que je fréquente depuis peu, on parle d'une grande communauté. Lorsqu'un nouvel arrivant frappe à la porte, il est tout de suite accueilli par le cercle des fidèles et des paroissiens. André en faisait partie. Il est beaucoup plus âgé que moi et se trouve déjà très investi dans la communauté. Il m'a repérée au milieu des arrivants. Un peu perdue et ne sachant pas encore ce que je faisais ici. Nous nous sommes parlé et nous nous sommes plu. Cela s'est fait tout naturellement et très rapidement. En septembre, je déménage à proximité d'une école de village dont le projet me paraît excellent, afin que ma fille puisse enfin avoir une rentrée scolaire apaisée. Ma nouvelle paroisse est dynamique, mais nous n'oublions pas l'abbaye

1. Nom modifié.

où nous nous rendons le plus souvent possible. En décembre, nous nous marions à la mairie en petit comité. Le mariage religieux viendra plus tard. Le choix est aussi évident pour nous qu'il ne l'est pas vu de l'extérieur. Nous avons plus de vingt ans d'écart, il est déjà père de plusieurs grands enfants. Comment cela sera-t-il perçu ? Si quelques-uns ont marqué un certain étonnement, aucun de nos amis n'a vraiment été surpris. On peut appeler cela un coup de foudre. C'était bel et bien le dernier coup que j'imaginais prendre sur la tête.

Pour autant, ma vie n'est pas devenue rose. En avril 2022, je jette une bouteille à la mer pour enfin rencontrer un avocat apte à prendre sérieusement mon dossier en main et je pense l'avoir trouvé. Parce que, quatre ans après l'attentat, je ne parviens toujours pas à travailler. Le fonds de garantie ne me verse plus rien et considère, en réalité, qu'il ne me doit plus grand-chose, et je vis avec mille euros par mois. C'est tout ce qu'il me reste. Impossible de reprendre une véritable thérapie ou d'investir quoi que ce soit dans ma santé mentale. Mais André est avec moi. Et cela change tout. L'Esprit Saint n'a pas donné un coup de baguette, m'enlevant magiquement tout problème et toute épreuve. Le mariage ne m'a pas, par exemple, sortie de mes ennuis financiers. Comme je l'ai écrit plus haut, il ne fait pas disparaître les épreuves, mais permet de les affronter à deux. Je ne suis plus seule.

Quelques mois avant notre mariage, je demande le baptême. En avril 2023, je suis baptisée, le jour de Pâques. Portant une étole blanche, comme entrant dans une nouvelle vie, je convie le Christ à devenir mon roc, mon point de repère et mon principal auxiliaire. Ce cheminement peut paraître extrêmement rapide, cependant il a été long. Il en faut du temps pour suivre la piste et rassembler, un à un, la multitude de cailloux blancs déposés çà et là. Les chanoines et les prêtres diocésains que j'ai rencontrés pendant ce catéchuménat ont eu à répondre à une avalanche de questions très précises. Je ne suis pas ingénieure de formation pour rien. Hors de question d'entrer quelque part sans savoir, impossible d'adhérer à quoi que ce soit sans fondamentalement comprendre le mécanisme. C'est un peu l'héritage paternel qui s'exprime. Le rationalisme familial, mis à l'épreuve par l'attentat, trouve un curieux secours dans la foi, que l'on qualifie un peu trop facilement d'irrationnelle. Car la raison et le spirituel se marient à merveille. La science explique le comment et la foi le pourquoi. Et ces deux interrogations ne s'opposent pas, mais se juxtaposent et se complètent. Les scientifiques athées opposant l'Évolution à la Genèse oublient que la théorie du Big-Bang a été le fruit de la réflexion… d'un prêtre! En soi, je ne vois pas d'opposition flagrante entre les valeurs que m'ont inculquées ma famille et mon parcours spirituel. Mon père a toujours voulu que ses enfants jouissent d'une grande liberté intellectuelle, c'est cette liberté que j'exerce aujourd'hui.

Ma famille prend d'ailleurs bien la nouvelle. Si ma mère a accueilli cela avec bienveillance, ma petite sœur s'est grandement réjouie. Pour elle, mon adhésion à « une spiritualité » est bonne à prendre, car cela va m'aider à me sortir de mon cauchemar. Je sais aussi que mon frère, qui suit également un parcours spirituel, voit mon grand saut comme la confirmation qu'il doit cheminer plus loin encore.

Ma vie se poursuit donc entre ma fille, mon mari et les enfants de mon mari. Notre famille recomposée autour de Dieu est passée par bien des périples et des épreuves. Quand je vois André et ma fille échanger ensemble, jouer, faire preuve de complicité, je ne peux que m'émerveiller de ce qui se construit sous mes yeux. Mes cauchemars ne cessent pas, l'histoire n'est pas encore terminée. Mais le nouvel écosystème construit autour de cette paroisse et la foi à laquelle je m'accroche sont autant d'armes dont j'étais jusqu'à présent singulièrement dépourvue. Et puis André m'aide avec patience, bienveillance. Il a la chance d'être d'une nature imperturbablement optimiste. Il m'accompagne, me guide et me supporte à tout point de vue. Chaque action dans un collectif me demande beaucoup de courage et d'énergie. Je supporte mal les dissensions, les déceptions, les difficultés. Je m'accroche, mon mari m'aide en coulisse.

Cette nouvelle vie m'a aussi apporté d'autres amis, d'autres préoccupations. Et surtout, des amis avec lesquels je partage une foi commune. « Quand deux ou trois sont réunis en mon nom, je suis au milieu d'eux. » Je comprends pourquoi il n'y a rien de plus dangereux pour un chrétien que d'être seul. Je l'expérimente chaque jour. La vie de village avec mon mari m'apporte aussi quelque occasion de me sociabiliser à nouveau : le jardin partagé, la vie de l'école, l'association de parents d'élèves… Re-créer du lien, réapprendre les bases de la coopération humaine, ne pas compter son temps ni son énergie. Comme une réinsertion progressive d'un détenu ayant passé trop de temps à l'isolement. Et la prière m'aide quotidiennement. Elle me permet d'aimer, d'espérer et d'entrevoir un futur positif. C'est un acte nourrissant à tout point de vue, qui fait qu'aujourd'hui je ne pourrais plus m'en passer. Avoir la foi, c'est entretenir l'espérance, ce « désespoir surmonté » comme l'écrivait Georges Bernanos. Et cela me convient parfaitement.

Je repense à un ami qui me disait : « J'ai prié, j'ai demandé, à l'époque où je croyais en Dieu, mais il ne s'est rien passé. » J'aimerais aujourd'hui lui répondre trois choses que j'ai apprises. La première est de se représenter une image : imaginer un homme qui reçoit une pierre sur le coin de la tête, il se retourne vers Dieu pour se plaindre. Or Dieu était derrière lui, et pour protéger l'homme, il a pris une volée de pierres sur lui, seule une pierre est venue atteindre l'homme. Cet homme peut-il prétendre que sa prière n'a pas été entendue ? qu'il n'a pas été protégé ? Une épreuve permet parfois d'en éviter une autre bien plus difficile…

La seconde est qu'il y a des épreuves inévitables, qui sont là pour nous apprendre ce que nous avions besoin d'apprendre pour avancer. Oui, la foi et la prière ne sont pas des amulettes ou des sortilèges censés nous épargner les épreuves, mais d'inépuisables alliés pour les affronter.

La troisième, c'est que les pires épreuves, telles que la perte incompréhensible d'un être cher ou d'un enfant, répondent à une nécessité supérieure, c'est-à-dire que ce drame produira dans l'avenir des effets qui répondent à une volonté, ou une nécessité, supérieure, qui nous dépasse. Marielle Beltrame, dans sa première lettre, l'avait déjà compris, lorsqu'elle m'écrivait : « À travers ce terrible événement qui est tombé sur vous, permettez-moi de vous dire que je crois que Dieu veut vous faire savoir, à vous personnellement, combien votre vie a du prix. » Je suis mal placée pour savoir si elle a raison me concernant, mais à présent je comprends ce qu'elle a écrit.

En avril 2023, quelques jours après être devenue « enfant de Dieu » j'ai pris ma voiture et je me suis rendue avec mon mari à Ferrals-les-Corbières. Ce joli village, à équidistance de Carcassonne et Narbonne, est comme ramassé autour de sa vieille église romane, niché dans le massif des Corbières. Comme dans toute commune on trouve un petit cimetière. À l'intérieur se tient une tombe toute simple surplombée d'une impressionnante croix celtique, taillée dans le granit. Sous ce gravier gît le corps d'Arnaud Beltrame. Sa tombe frappe surtout par le nombre d'ex-voto et d'objets hétéroclites faisant d'elle, et de loin, l'une des plus visitées de la commune. La profusion de ces objets aux origines diverses, que ce soit de ses frères d'armes, de sa famille, mais aussi de la multitude d'anonymes simplement inspirés par l'exemple qu'il a donné, témoigne pour lui. Comme si se retrouvaient autour du symbole d'Arnaud, tous les pans de la société française. Autre détail marquant, les hommages déposés par chaque corps d'arme dans lequel a servi Arnaud Beltrame. Comme une preuve du souvenir que son passage a laissé au sein de l'armée française. Sur cette tombe sans pierre, la France se rassemble. Et c'est à mon tour de la marquer de mon passage. J'ai enfin réussi à venir lui rendre visite ici, munie d'un sacrement qui incarne ou parachève le lien qui nous unit. Que le lecteur me pardonne de garder pour moi ce qui s'est passé ce jour-là, mais ce fut une étape aussi nécessaire qu'importante. Je peux dire que j'en suis repartie avec une force incroyable…

Ici, les visites sont toujours nombreuses. Ils ont été des centaines à venir de toute la France pour se recueillir auprès de sa dépouille. Car le geste d'Arnaud continue d'inspirer et d'émouvoir partout. Au grand étonnement des autorités locales, maire et curé en tête ! Rien ne préparait ce village des Corbières, davantage habitué aux routes des vins qu'au chemin des martyrs, à accueillir une telle population, pour ne pas dire une telle dévotion.

Le sang des martyrs

Saint-Étienne-du-Rouvray, Trèbes et encore plus récemment Annecy. Trois attentats terroristes auxquels on pourrait ajouter ceux manqués de Villejuif et de Notre-Dame de Paris, celui de Nice aussi… En faisant les comptes, on s'aperçoit que si les Français sont visés en tant que peuple, les catholiques sont une cible privilégiée. Le « Arrière Satan ! » du père Jacques Hamel à l'encontre du terroriste qui levait son couteau résonne en France très particulièrement. Ce triple attentat a marqué les Français parce qu'il touche à ce que nous sommes, ce que nous avons oublié et ce que je redécouvre. À l'image des djihadistes de l'État islamique nous appelant « croisés », il n'y a plus que nous pour ignorer notre héritage chrétien, alors que nos ennemis nous haïssent pour cela.

« Arrière Satan ! » Cet ultime cri du père Hamel, véritable acte de foi, pose la question du combat entre le Bien et le Mal. Quelle chance y avait-il pour que face à Radouane Lakdim se tienne le colonel Beltrame ? Quelle chance y avait-il pour que dans ce square d'Annecy se tienne, face à l'assassin poignardant des bébés dans leurs poussettes, un jeune pèlerin en route pour découvrir nos cathédrales ? Face à ce fou défigurant le Christ, l'utilisant pour justifier ses horribles crimes, s'est levé un jeune homme qui a défendu l'innocence au nom du Christ. « Quand j'ai agi au square, ce qui m'a poussé, c'est la grandeur dont je me nourris dans les cathédrales que je traverse depuis maintenant deux mois », a-t-il déclaré. Je pense vraiment que le geste d'Arnaud trouve sa source aussi dans les mêmes forces qui ont poussé le jeune Henri à intervenir, qui ont poussé le père Hamel à nommer le Mal dans son ultime souffle. D'ailleurs, Henri a confié à de nombreuses reprises que, juste avant d'intervenir, c'est l'image d'Arnaud Beltrame qui s'est imposée à lui. Arnaud qui, en un acte, a effacé le nom du terroriste. Face à cet islamiste armé s'est trouvé un officier supérieur désarmé, non par une quelconque exaltation ou une sorte d'appétence déplacée pour l'héroïsme, mais parce qu'il était à sa place, prenant la bonne décision. Pour s'affranchir des procédures et aller, aussi volontairement que cela face à son destin, il faut être mû par un certain désir d'absolu. Par son acte, il a promu le don de soi, effaçant à sa manière le chemin de mort du terroriste. Personne ne se rappelle son nom, le monde entier se souviendra de celui d'Arnaud Beltrame.

Le terroriste Mohammed Merah avait déclaré : « J'aime la mort comme vous aimez la vie. » Deux modèles. Deux antagonismes qui, loin des fioritures et des justifications sociales, rejouent l'éternelle dialectique entre le Bien et le Mal. « Grâce au courage d'un homme, cet attentat, porteur de haine et de mort, est également une leçon de vie », avait déclaré un officier supérieur de Gendarmerie lors d'une cérémonie d'hommage à Trèbes. Il y a un peu de cela.

Je sais que ces dernières lignes s'adressent surtout aux croyants. Une personne ne croyant pas en Dieu aura du mal à les lire… Sans doute haussez-vous les épaules en vous demandant quel accès mystique me prend en les écrivant. Ce que les catholiques nomment « Providence », on a tôt fait de le nommer hasard ou coïncidence. Mais il y a davantage. Le diable se logeant dans les détails, il est parfois plus aisé de s'en tenir à cette simplicité. Il y a ce qui est bon et ce qui ne l'est pas. Pour moi maintenant, il y a ce qui vient de Dieu et ce qui vient du diable.

Conclusion

Il fait doux, ce 10 novembre 2023. L'année se termine et l'Avent va bientôt commencer. Après la joie de Noël se tiendra, en janvier, le procès de l'attentat de Trèbes. Près de six ans se sont écoulés depuis ce jour qui vit ma vie basculer et celle d'Arnaud le quitter. Dans deux mois, je revivrai pas à pas, minute après minute, le déroulé d'une scène à laquelle je pense tous les jours. Heureusement, maintenant je sens sur moi les regards aimants de mon mari et de ma fille. À l'abbaye et dans ma paroisse, des religieux prient pour moi tout comme ils prient pour leurs ouailles ; de même qu'en France, des familles, des militaires, des jeunes, prient Arnaud Beltrame pour qu'il intercède pour eux. Je continue de lui parler souvent, ce grand frère que je n'ai pas connu. Je médite souvent sur ce lien du sang qui nous unit. Mais aussi reviennent quotidiennement les questions qui me hantent.

Huit minutes. 480 secondes[1]. C'est le temps qu'a mis l'antenne toulousaine du GIGN à intervenir après qu'Arnaud Beltrame a crié « Assaut! Assaut! ». Que s'est-il passé? C'est, je pense, mon principal espoir vis-à-vis de ce procès et j'espère que l'avocat de la famille Beltrame fera tout pour obtenir des réponses. Arnaud a été touché par des balles, mais de manière non létale. Il a en revanche été égorgé. Mais il a été évacué vivant. Aurait-il pu être sauvé si ses collègues étaient intervenus à temps? « Vous ne pouvez pas dire cela, madame! » Ce cri du cœur des officiers ayant recueilli mon procès-verbal me revient sans cesse en écho. Avec en toile de fond, d'éventuelles accusations sur fond de complotisme. Pourquoi s'est-il écoulé autant de temps entre son cri réclamant un assaut immédiat et l'intervention de neutralisation du jihadiste? Parce

1. *Cf.* Christophe CARICHON, *Arnaud Beltrame, gendarme de France*, éditions du Rocher, 2018.

que j'ai le droit de savoir, parce que la France a le droit de savoir. Les temps dramatiques sont féconds en vocations héroïques, mais ces dernières doivent servir à éradiquer la poussière. Elles ne doivent pas permettre à d'autres de la cacher sous le tapis. Je m'interdis d'écrire le fond de ma pensée sur les responsabilités dans la mort d'Arnaud. Ce n'est qu'une impression corroborée par quelques chuchotements de quelques hauts gradés, chuchotements qui me sont parvenus… Ce sont ces non-dits qui me minent aussi. S'il y a d'autres responsabilités que celle du terroriste, il faudrait que cela sorte.

Dans deux mois, les familles des victimes décédées, côte-à-côte avec les victimes blessées, revivront pas à pas le déroulé d'une journée qui a bouleversé leur vie. On imagine qu'elles attendent aussi un certain nombre de réponses.

Sept personnes doivent être jugées, du 22 janvier au 23 février 2024, par la cour d'assises spéciale de Paris. Il s'agit de six hommes et une femme (sa petite amie), âgés de 23 à 34 ans. Cinq sont accusés de lui avoir apporté de l'aide, alors qu'ils connaissaient sa radicalisation. Un est poursuivi pour détention d'arme, le dernier pour non-dénonciation de crime. Cependant, aucun ne l'est pour complicité. Je lutte contre l'impression que mes questions les plus lancinantes ne recevront aucune réponse satisfaisante. Contre l'impression d'abandon et d'incompréhension dans laquelle les victimes sont laissées. Comment Radouane Lakdim a pu préparer et mener sans encombre son escapade meurtrière ? Pourtant son profil interpelle. Suivi par la Direction générale de la sécurité intérieure depuis mai 2013, selon *Libération*, il est ensuite fiché S en 2014 en raison de sa présence sur des forums salafistes et de velléités de départ au djihad. Il est également inscrit au fichier de traitement des signalements pour la prévention de la radicalisation à caractère terroriste. Comment a-t-il pu ainsi sortir des radars ? Ces questions doivent trouver des réponses.

Dans *Valeurs Actuelles* du 29/03 au 04/04/2018, nous découvrons ses comportements (entraînements et en 2017 un apparent abandon de la religion, stratégie connue pour diminuer les soupçons avant passage à l'acte) et de nombreux détails troublants sur les voyages de Lakdim (Mayotte, La Réunion) qui ne touche même pas le RSA. D'où vient l'argent ? Des ventes d'armes, de stupéfiants et quelques braquages seulement ? Dans le *Midi Libre* du 23/03/2021, un article nous apprend qu'un indicateur de la DGSI, ancien militaire, était en contact étroit avec Radouane Lakdim. Dans *Le Figaro*, un autre article nous apprend qu'un ancien militaire converti à l'islam, indicateur des services de renseignement, aurait en fait joué un double jeu et permis à Lakdim d'acquérir des armes. Pourtant, et malgré la profusion de détails fournis par l'enquête et que je peux lire dans le dossier d'instruction, cet acteur majeur de la vie de Lakdim, lié à la DGSI, ne sera pas poursuivi… Et le *Midi Libre* du 23/03/2021 nous apprend que, tout comme dans une autre affaire, le terroriste venait de recevoir sa convocation à l'entretien d'évaluation en tant que fiché S.

Alors que j'étais prise en otage, un détail m'a troublée. Lorsque le terroriste me posait des questions personnelles dans le bureau en attendant l'arrivée des équipes d'intervention, ses questions étaient dans l'ordre : mon prénom

(« Julie »), mes origines (« d'un peu partout »), mon âge (« 39 »), si j'avais des enfants (« oui, une fille ») et comment s'appelait mon « mec »... Pourquoi ne pas me demander d'abord si j'en avais un ? Mon intuition a été immédiatement qu'il devait penser mon compagnon d'origine maghrébine. Il est vrai qu'avec sa peau café au lait, les gens ne savaient jamais deviner ses origines polynésiennes. Il fréquentait le magasin, avec ma fille parfois, et passait me saluer avant de repartir. J'ai répondu instinctivement à sa question : « R... (prénom français), mais il a été adopté. » Ma réponse l'a satisfait et il est passé à autre chose. À quel point a-t-il préparé son action ? Combien de fois a-t-il traîné dans le magasin, ou avait-il été informé ? J'avais signalé aux enquêteurs deux clients et une caissière passée chez nous en CDD, parce que selon moi, ils avaient eu des comportements étranges. J'ignore quelles investigations ont été menées. C'était assez désarçonnant et effrayant de voir, en tout cas de supposer, qu'il en savait davantage sur moi que les quelques minutes que nous avons passées ensemble dans ce bureau ne pouvaient lui apprendre. Les enquêteurs ont dit qu'il avait choisi le Super U de Trèbes au hasard. Cette conversation et quelques autres détails laissent à penser qu'il avait ciblé spécifiquement ce magasin… Tant de questions, aucune réponse, mon cerveau blessé ne peut pas cicatriser.

J'espère que ce livre, à défaut d'apporter des solutions concrètes, fera se dire aux victimes qu'elles ne sont pas seules et que ce qu'elles vivent dans cet insupportable parcours du combattant n'est pas normal, qu'elles ne doivent pas culpabiliser sur ce qu'elles ont vécu, que rien n'est de leur faute. Ce ne sont pas elles qui font souffrir leur entourage ni fragilisent l'édifice. C'est ce qu'elles ont subi.

J'avais 39 ans lorsque le terroriste a frappé. Jusqu'à ce jour, on me disait que je faisais bien moins que mon âge. Aujourd'hui, j'approche les 45 ans et je peine parfois à me reconnaître dans la glace. Mon visage est marqué, ridé. Je « grimace sans m'en rendre compte », me dit mon mari. Je porte sur moi les stigmates de l'attentat et j'attends encore le moment qui me verra vivre sans y penser quotidiennement. « Espérer, c'est démentir l'avenir », disait Cioran.

Postface

Abbaye de Lagrasse, 27 juin 2021.

Julie vient pour la première fois voir à l'abbaye celui qui a eu l'honneur et la joie d'être le prêtre le plus proche du colonel Beltrame les deux dernières années de sa vie en le préparant au mariage. Témoin privilégié du chemin de foi de Julie, je réponds alors à ses questions avec émerveillement car elle est intelligente et veut comprendre ; car elle prie et le Seigneur la guide visiblement.

Mais qui est celui qui l'a sauvée ? Julie a souhaité que soit évoqué le colonel Beltrame pour conclure cet ouvrage[1].

1. Cf. https://arnaudbeltrame.fr/vie-arnaud-beltrame et les ouvrages qui lui ont été consacrés comme celui de Christophe Carichon, Arnaud Beltrame, gendarme de France, éditions Le Rocher, octobre 2018.

Enfance et jeunesse d'Arnaud Beltrame

18 avril 1973 : Arnaud Beltrame naît à Étampes. Il grandit et fait son primaire dans l'école communale de Chalo-Saint-Mars dans l'Essonne. À partir du collège, Arnaud s'installe en Bretagne avec ses parents. Sa mère vit aujourd'hui encore à Trédion, dans le Morbihan. En Bretagne, Arnaud se sent chez lui. Passionné par la civilisation celtique, il découvre ses légendes, ses traditions et les coutumes bretonnes.

1991-1994 : Passionné par les récits d'héroïsme de son grand-père, parachutiste en Indochine, et de son père également militaire, Arnaud Beltrame prépare le concours de l'école des officiers de Saint-Cyr aux classes préparatoires du « Coldo » de Saint-Cyr-l'École, où une statue honore sa mémoire depuis juin 2022. Il échoue deux fois, mais se relève et tente de devenir officier par une autre voie.

Eté 1992 : Arnaud Beltrame effectue sa préparation militaire parachutiste (PMP) avec ses camarades du lycée militaire

Formation supérieure

Novembre 1995 : Arnaud Beltrame s'engage comme élève officier de réserve (ORSA) à l'école d'application de l'Artillerie à Draguignan. Travailleur acharné et sportif infatigable, il se classe parmi les meilleurs de sa promotion à sa sortie, en mars 1996.

Mars 1996 : Nommé aspirant, il commande une section d'artilleurs parachutistes au 35e régiment d'artillerie parachutiste (RAP) de Tarbes. Il rejoint ensuite le 8e régiment d'artillerie, à Commercy où il prend la tête d'une section d'observation dans la profondeur, unité de renseignement qui constitue déjà une petite élite.

1999-2001 : Arnaud Beltrame est admis sur concours à l'École militaire interarmes (EMIA) de Coëtquidan, promotion « Campagne d'Italie ». Il en sort major. Il fait preuve d'appréciations particulièrement élogieuses au terme d'une scolarité brillante : « Courageux, il se bat jusqu'au bout et n'abandonne jamais. » Ses cadres soulignent son « esprit résolument offensif face à l'adversité ».

2001-2002 : Après l'EMIA, Arnaud Beltrame choisit la gendarmerie et intègre l'École des officiers de la gendarmerie nationale (EOGN à Melun, promotion Capitaine Gauvenet). Il sort à nouveau major de cette école souvent choisie par les meilleurs de Saint-Cyr… preuve que son travail et sa ténacité ont surmonté ses échecs rencontrés dix ans plus tôt. Il défile ainsi comme porte-drapeau de sa promotion sur les Champs-Élysées, le 14 juillet 2001, il a 28 ans.

Carrière et vie privée

2001 : Arnaud Beltrame se marie civilement et religieusement avec Anne-Gaëlle, une amie d'enfance. Privilégiant sa carrière à son couple, ne voulant pas d'enfant, n'ayant pas la foi, il voit son couple se briser et demande le divorce en 2007. Il obtiendra la nullité du mariage le 17 février 2018, un mois avant l'attentat.

2002-2006 : Arnaud Beltrame rejoint la Gendarmerie au sein du Groupement blindé de gendarmerie mobile à Versailles/Satory où il commande un peloton de VBRG (des véhicules blindés) à l'escadron 16/1 et prépare activement les tests d'entrée du GSIGN, aujourd'hui GIGN.

2003 : Arnaud Beltrame fait partie des sept sélectionnés sur quatre-vingts candidats pour intégrer l'escadron parachutiste d'intervention de la Gendarmerie nationale (EPIGN), une des composantes du Groupement de sécurité et d'intervention de la gendarmerie nationale. Il y obtient notamment la qualification exceptionnelle de chuteur opérationnel. Il devient donc un parachutiste d'élite, après des tests de sélection physique et psychologique particulièrement éprouvants et sélectifs. Arnaud Beltrame assume les responsabilités d'adjoint au commandant de l'Escadron parachutiste d'intervention de la Gendarmerie nationale et participe à de nombreuses missions sur le territoire national et à l'étranger.

Capitaine

Août 2005 : Arnaud Beltrame est promu capitaine

2005 : Arnaud Beltrame est affecté à la sécurisation de l'ambassade de France de Bagdad, devant protéger l'ambassadeur Bernard Bajolet qui allait diriger peu après la DGSE. Les conditions de sécurité sont extrêmement délicates dans une ville subissant près de quatre-vingts attentats par jour. Il conduit alors une mission complexe d'exfiltration d'une journaliste française menacée d'enlèvement par un groupe terroriste. Il sauve alors pour la première fois une jeune femme au péril de sa vie et recevra deux ans plus tard pour cela une décoration rare: la médaille de la Valeur militaire avec palme.

2006: Athé jusqu'à ses 25 ans, intéressé par l'invisible dès ses 17 ans, Arnaud Beltrame se convertit au catholicisme. Il fera deux ans de catéchuménat à Rueil-Malmaison et des retraites fréquentes à l'abbaye de Timadeuc et au carmel des Forges et prépare sa première communion et sa confirmation qu'il recevra en 2009. Il pense même un temps se faire moine et en est dissuadé par le père Marc, qui l'accompagne spirituellement à Timadeuc.

2006: Arnaud Beltrame rejoint la Garde républicaine en qualité de commandant de la première compagnie de sécurité et d'honneur du 1er régiment d'infanterie de la Garde à Nanterre. « Il met au service de la sécurité du palais de l'Élysée ses grandes compétences en matière de sécurité, de protection et veille, par un engagement soutenu, à maintenir son unité à un haut niveau d'excellence. Il se distingue à de nombreuses reprises, ce qui lui vaut notamment d'être récompensé par le commandant du régiment et le directeur général de la gendarmerie. »

2006 : Arnaud Beltrame reçoit la médaille d'honneur des affaires étrangères, échelon argent.

2007 : Arnaud Beltrame reçoit la croix de la Valeur militaire avec citation à l'ordre de la brigade pour son acte de bravoure en Irak deux ans auparavant.

Décembre 2008 : Ignorant l'incompatibilité entre la foi catholique et la franc-maçonnerie, Arnaud Beltrame entre chez les francs-maçons et est initié au sein de la loge « Jérôme Bonaparte » de Rueil-Malmaison à la Grande Loge de France (GLDF).

Janvier 2009 : Arnaud Beltrame est envoyé de janvier à mars 2009 en Guadeloupe pour tenter de juguler les violents conflits sociaux de l'époque.

2009 : Arnaud Beltrame reçoit la Médaille de la Défense nationale avec agrafes « Troupes aéroportées » et « Garde républicaine ».

2009 : Arnaud Beltrame fait sa première communion à Nanterre. Il reçoit le sacrement de confirmation des mains de Mgr Dognin, aujourd'hui évêque de Quimper.

Chef d'escadron

Janvier 2010 : Arnaud Beltrame est promu chef d'escadron.

Août 2010 : Arnaud Beltrame est nommé à la tête de la compagnie de gendarmerie départementale d'Avranches. « Il y réussit de manière remarquable. À la tête de 155 gendarmes, il commande efficacement le service de ses unités et s'engage personnellement pour combattre les phénomènes de délinquance ou organiser la préparation de grands événements, tel que le 100e tour de France. Homme de terrain, il manifeste une grande disponibilité et se distingue par son autorité naturelle et son implication sans faille.

Il reçoit, à ce titre, un témoignage de satisfaction du commandant de région. »

Pour Arnaud Beltrame, c'est une grande fierté que d'être aussi responsable du Mont Saint-Michel, saint patron des parachutistes dont il a compris toute l'importance dans sa conversion.

2012: Arnaud Beltrame devient chevalier de l'Ordre national du Mérite

Avril 2012: Allant de temps à autre à la GLDF, (quatre fois par an, et non vingt s'il avait été assidu) et toujours à la loge de Reuil pour retrouver des amis plus que par convictions maçonniques, Arnaud Beltrame est élevé au grade de maître, 3e degré maçonnique. Il est connu comme catholique et le seul livre retrouvé dans sa bibliothèque sur le sujet le trompe en affirmant qu'on peut être catholique et franc-maçon.

2014: Arnaud Beltrame sert au ministère de l'Écologie, du développement durable et de l'énergie comme conseiller auprès du secrétaire général. « Référent en matière d'intelligence économique, il évolue avec beaucoup d'aisance dans un environnement interministériel de haut niveau, mettant en évidence ses belles qualités relationnelles et intellectuelles. »

2015-2016 : Arnaud Beltrame étudie à l'Institut supérieur de commerce de Paris & École européenne d'intelligence économique. Il y obtient un MBA en intelligence économique tout en préparant l'École de guerre. Inexplicablement, il échoue au concours. Un général a avoué après sa mort qu'un membre du jury l'avait cassé injustement pour des raisons personnelles.

Lieutenant-colonel

2016 : Arnaud Beltrame est promu lieutenant-colonel

27 août 2016 : Arnaud Beltrame se marie civilement à Marielle, vétérinaire en parc zoologique et originaire de Marcq-en-Barœul. Visitant pour la première fois l'abbaye de Lagrasse l'après-midi, il sympathise très vite avec le chanoine qui va le préparer au mariage religieux. Il sera très assidu à quatorze rencontres et près de soixante heures de préparation intellectuelle, morale, spirituelle et psychologique, à Paris et Lagrasse, pour s'unir saintement et solidement avec Marielle.

Août 2017 : Arnaud Beltrame devient « C3 », officier adjoint de commandement (OAC) au groupement de gendarmerie de l'Aude, pour pouvoir se rapprocher de son épouse. « Il s'impose très rapidement comme un collaborateur précieux de son commandant de groupement, s'impliquant spécialement dans le développement de la capacité de contreterrorisme des unités de gendarmerie de l'Aude, dans une excellente synergie inter-services. »

Août 2017 : Le père d'Arnaud Beltrame, âgé de 71 ans, prend la mer aux commandes de son bateau à Port-Camargue. Il ne reviendra jamais, son corps sera retrouvé en février 2018 dans un filet de pêche. Arnaud sera à ses funérailles à la cathédrale Saint-Michel, le 16 mars 2018, deux semaines seulement avant ses propres obsèques.

2018 – L'année du sacrifice ultime

23 mars 2018 : Pour sauver Julie, une jeune maman prise en otage au Super U de Trèbes le

23 mars 2018, par un djihadiste qui avait déjà ouvert le feu sur quatre personnes, il se livre à sa place. Au terme d'un tête à tête de trois heures de négociations, de prières et de combats, il est blessé par trois balles dans la jambe et le bras et reçoit une blessure mortelle au cou.

Son geste suscite très vite une profonde émotion transpartisane : tous les bords politiques saluent son héroïsme inspiré par sa foi de converti.

24 mars 2018 : Arnaud Beltrame meurt dans la nuit à l'hôpital de Carcassonne de la suite de ses blessures et après avoir reçu les derniers sacrements.

27 mars 2018 : à la base aérienne 107 Villacoublay, Arnaud Beltrame est décoré à titre posthume par le ministre d'État, ministre de l'Intérieur Gérard Collomb, des médailles suivantes :

- Médaille de la Gendarmerie nationale, avec palme de bronze pour citation à l'ordre de la gendarmerie.
- Médaille de la sécurité intérieure, or.
- Médaille d'honneur pour acte de courage et de dévouement, or.

28 mars 2018 : Arnaud Beltrame est élevé commandeur de la Légion d'honneur à titre posthume, avec citation à l'ordre de la Nation, par le président de la République Emmanuel Macron, lors de l'hommage national à l'hôtel des Invalides. Pour la première fois dans l'histoire de la Légion d'honneur, un héros est élevé au grade de commandeur, sans passer par les grades de chevalier et d'officier. Sa traversée de Paris est l'objet d'une intense émotion populaire et les commentaires médiatiques révèlent l'admiration à l'égard de sa figure en France dans tous les médias et même dans le monde entier.

29 mars 2018 : funérailles d'Arnaud Beltrame à la cathédrale Saint-Michel de Carcassonne, exceptionnellement célébrées un Jeudi Saint. Il repose aujourd'hui au cimetière de Ferrals-les-Corbières.

9 juin 2018 : c'était la date prévue pour le mariage religieux d'Arnaud Beltrame avec son épouse Marielle.

28 juin : La 124e promotion de l'École des officiers de la Gendarmerie nationale est baptisée à Melun « Colonel Beltrame ».

Aujourd'hui, quatre cent cinquante rues, places ou écoles portent son nom et les inaugurations continuent. Cinq livres, une BD, un timbre émis par la Poste en mars 2023, deux films en cours et un santon de crèche depuis Noël 2023 lui sont dédiés. Mais surtout, depuis six ans, lors de conférences sur sa vie, des milliers de personnes, en particulier des adolescents, admirent son itinéraire et stimulent leur désir de servir et de se donner avec héroïsme et amour. Car c'est bien de cela dont il s'agit ici.

Neuf ans avant l'attentat, l'officier d'élite alors jeune converti écrivait dans son journal intime : « Je vous demande à être illuminé enfin totalement afin de savoir qui je suis et où je dois aller pour l'ordre divin… Je recherche le Vrai, l'amour et le divin en moi. Je suis sur le bon, le très bon, le vrai chemin. Cette fois ce n'est plus le perfectionniste teinté de Dieu, c'est moi qui cherche Dieu pour me perfectionner dans l'Amour. »

Julie a été sauvée par Arnaud. Il est mort pour qu'elle vive. Mais le colonel ne se doutait pas qu'alors qu'il sauvait son corps, le Christ allait toucher son âme.

Nous croyons qu'une fois de plus ce drame terrible et lumineux illustre ce mot de saint Paul : « Nous le savons, quand les hommes aiment Dieu, lui-même fait tout contribuer à leur bien [même la folie d'une prise d'otage djihadiste], puisqu'ils sont appelés selon le dessein de son amour » (Rm 8,28).

Père Jean-Baptiste Golfier, crmd,
Chanoine de Lagrasse

Table

PAPIER CERTIFIÉ

Achevé d'imprimer par
LABALLERY NOUVELLE IMPRIMERIE
en décembre 2023
N° d'imprimeur : 311497
Dépôt légal : janvier 2024

Imprimé en France